中国工程院院士

是国家设立的工程科学技术方面的最高学术称号，为终身荣誉。

中国工程院院士传记

良镛求索

吴良镛 著

清华大学出版社
人民出版社
北京

图书在版编目（CIP）数据

良镛求索 / 吴良镛著. — 北京：清华大学出版社，2016（2022.6 重印）
（中国工程院院士传记）
ISBN 978-7-302-45248-5

Ⅰ. ①良… Ⅱ. ①吴… Ⅲ. ①吴良镛－自传 Ⅳ. ①K826.16

中国版本图书馆CIP数据核字(2016)第242665号

责任编辑：张占奎
封面设计：梁伟侠
责任校对：王淑云
责任印制：杨　艳

出版发行：清华大学出版社
网　　址：http://www.tup.com.cn, http://www.wqbook.com
地　　址：北京清华大学学研大厦A座　　邮　　编：100084
社 总 机：010-83470000　　邮　　购：010-62786544
投稿与读者服务：010-62776969, c-service@tup.tsinghua.edu cn
质量反馈：010-62772015, zhiliang@tup.tsinghua.edu.cn
印 装 者：小森印刷（北京）有限公司
经　　销：全国新华书店
开　　本：170mm×240mm　　印　　张：18.25　　字　　数：210千字
版　　次：2016年10月第1版　　印　　次：2022年6月第2次印刷
定　　价：120.00元

产品编号：071501-01

中国工程院院士传记系列丛书

总序

20世纪是中华民族千载难逢的伟大时代。千百万先烈前贤用鲜血和生命争得了百年巨变、民族复兴，推翻了帝制，肇始了共和，击败了外侮，建立了新中国，独立于世界，赢得了尊严，不再受辱。改革开放，经济腾飞，科教兴国，生产力大发展，告别了饥寒，实现了小康。工业化雷鸣电掣，现代化指日可待。巨潮洪流，不容阻抑。

忆百年前之清末，从慈禧太后到满朝文武开始感到科学技术的重要，办"洋务"，派留学，改教育。但时机瞬逝，清廷被辛亥革命推翻。五四运动，民情激昂，吁求"德、赛"升堂，民主治国，科教兴邦。接踵而来的，是18年内战、8年抗日和3年解放战争。恃科学救国的青年学子，负笈留学或寒窗苦读，多数未遇机会，辜负了碧血丹心。

1928年6月9日，蔡元培主持建立了中国近代第一个国立综合性科研机构——中央研究院，设理化实业研究所、地质研究所、社会科学研究所和观象台四个研究机构，标志着国家建制科研机构的诞生。20年后，1948年3月26日遴选出81位院士（理工53，人文28），几乎都是20世纪初留学海外、卓有成就的科学家。

中国科技事业的大发展是在新中国成立以后。1949年11月1日成立了中国科学院，郭沫若任院长。1950–1960年有2500多名留学海外的科学家、工程师回到祖国，成为大规模发展中国科技事业的第一批领导骨干。国家按计划向苏联、东欧各国派遣1.8

万各类科技人员留学，全都按期回国，成为建立科研和现代工业的骨干力量。高等学校从新中国成立初期的200所增加到600多所，年招生增至28万人。到21世纪初，高等学校2263所，年招生600多万人，科技人力总资源量超过5000万人，具有大学本科以上学历科技人才达1600万人，已接近最发达国家水平。

新中国成立60多年来，从一穷二白成长为科技大国。年产钢铁从1949年的15万吨增加到2011年的粗钢6.8亿吨、钢材8.8亿吨，几乎是8个最发达国家（G8）总年产量的2倍。1950年代钢铁超英赶美的梦想终于成真。水泥年产20亿吨，超过全世界其他国家总产量。中国已是粮、棉、肉、蛋、水产、化肥等第一生产大国，保障了13亿人口的食品和穿衣安全。制造业、土木、水利、电力、交通、运输、电子通讯、超级计算机等领域正迅速逼近世界前沿。“两弹一星”、高峡平湖、南水北调、高公高铁、航空航天等伟大工程的成功实施，无可争议地表明了中国科技事业的进步。

党的十一届三中全会以后，实行改革开放，全国工作转向以经济建设为中心。加速实现工业化是当务之急。大规模社会性基础建设，大科学工程、国防工程等是工业化社会的命脉，是数十年、上百年才能完成的任务。中国科学院张光斗、王大珩、师昌绪、张维、侯祥麟、罗沛霖等学部委员（院士）认为，为了顺利完成中华民族这项历史性任务，必须提高工程科学的地位，加速培养更多的工程科技人才。中国科学院原设的技术科学部已不能满足工程科学发展的时代需要。他们于1992年致书党中央、国务院，建议建立“中国工程科学技术院”，选举那些在工程科学中做出重大的、创造性成就和贡献、热爱祖国、学风正派的科学家和工程师为院士，授予终身荣誉，赋予科研和建设任务，请他们指导学科发展，培养人才，对国家重大工程科学问题提出咨询建议。中央接受了他们的建议，于1993年决定建立中国工程院，聘请30名中国科学院院士和遴选66名院士共96名为中国工程院首批院士。于1994年6月3日，召开了中国工程院成立大会，选举朱光亚院士为首任院长。中国工程院成立后，全体院士紧密团结全国工程科技界共同奋斗，在各条战线上都发挥了重要作用，做出了新的贡献。

中国的现代科技事业比欧美落后了200年。虽然在20世纪有了巨大进步，但与发达国家相比，还有较大差距。祖国的工业化、现代化建设，任重道远，还需要有数代人的持续奋斗才能完成。况且，世界在进步，科学无止境，社会无终态。欲把中国建设成科技强国，屹立于世界，必须持续培养造就数代以千万计的优秀科学家和工程师，服膺接力，担当使命，开拓创新，更立新功。

中国工程院决定组织出版“中国工程院院士传记”丛书，以记录他们对祖国和社会的丰功伟绩，传承他们治学为人的高尚品德、开拓创新的科学精神。他们是科技战线的功臣，民族振兴的脊梁。我们相信，这套传记的出版，能为史书增添新章，成为史乘中宝贵的科学财富，俾后人传承前贤筚路蓝缕的创业勇气、魄力和为国家、人民舍身奋斗的奉献精神。这就是中国前进的路。

自序

我从事教育工作至今已经70年，一直未离开这个岗位。我的专业是建筑学，为了教学之需，一直从事科研和相关实际生产，产学研三者互相促进有助于业务的提高。这点对很多教育工作者而言都是如此。

自1946年到清华建筑系工作算起，刨去“文革”期间10年不算，我做了长约25年的教学行政工作。这一时期的工作很特殊，作为副系主任、系主任，涉及方方面面，尽管这时间段是我精力旺盛的时期，投入行政事务，化解难题成分太多，原拟除一些重要的事有必要做一定的交代外，其他均简略谈过。后经友人建议：“这是清华大学建筑系从初创到成长的重要阶段，也是你一生投入了辛勤劳动的重要阶段，不应草草而过。”我接纳了这一忠告。

我少时得恩师栽培，在中学打好基础，入大学后得名师的引领，后又应梁思成先生的召唤在清华任教，并得到赴美两年的学习机会，回国后立即回到教学岗位，跟上了清华“营建系”的辉煌阶段，又参加了一些新中国学术团体的组建，如1953年中国建筑学会、1981年中国城市科学研究会及其后中国城市规划学会等，并参加国外学术团体活动，从1955年作为中国代表团成员参加了国际建协第四届会议，此后直到20世纪末，我与国际建协有不少交往，增长了专业认识上的阅历，有助于专业视野的提高。

我的觉醒是在“文革”之后，墨西哥、美国之行与西欧之旅为我打开了一度封闭的眼界。特别在1981年改革开放后，作为新获选的一批中国科学院学部委员（后改称院士），我基于自己专业的社会责任感，认识到“建筑要走向科学”。1984年，我在62岁时卸去行政职务，初创建筑与城市研究所，开始“进军科学”的探索。

回眸我的人生之路，可以说大致由三个30年构成。从我出生到而立之年，主要是1922–1950年这一时期，可以作为我的学习成长时期。我在“一战”后出生，就读小学时东北沦陷于日本军国主义之手，高中时家乡沦陷而颠沛流离，对祖国，对家园，对人民怀有无限的感情，这30年，一方面是学习知识、增长见识，另一方面是在动荡的时局中树立了理想和信念。三十而立，为我毕生的事业打下了基础。新中国成立以后，1951—1983年，是第二个30年。新中国成立，建立了新的政治体制，在祖国建设上，取得了一系列的成就。我从美国留学归来，走入建设祖国的行列中，将个人的力量都投入到清华建筑系的发展和新中国的城市建设中，有豪情，但也有困惑，到“文革”中断约10年。1978到1983年，我担任建筑系主任，重整重灾后的建筑系，这时候正是改革开放之初，无论在工作还是业务上均有较多的进步。这两个30年是我事业和学术的重要阶段，我追随着国家的发展，努力成长，既受客观条件所左右，也从未放弃个人主观的努力。从改革开放至今是第三个30年。1984年我在卸去行政工作后，成立清华大学建筑与城市研究所，到2014年恰好30年。这可以说是向科学进军的30年。广义建筑学、人居环境科学的提出，菊儿胡同的落成与获奖，若干重要科研项目的推进，都是在这30年中完成的。这30年可以说是一生中的“黄金时代”，2011年度国家最高科学技术奖的授予可以说是对这一阶段工作的肯定。

在90岁之后，来写这本书，严格地说，是一个自述，不能算作自传，因为我无意面面俱到，而主要着眼于我业务追求的历程，知识的追求，道路的追求，对一己缺点、不足的自省。曾国藩对自己的书斋称“求阙斋”，就是知不足。这里只记录人生的主要经历、艰难曲折的道路，是一个对过去的归纳和总结，说明收获与困惑，以求解之心面对严峻问题，以诚朴之心记录专业实践，并以期望探索之心展望未来。

这是一个自觉尚称勤奋的老年建筑学人，近90年来的个人求索心得和反思，是对自己的内省、心得与认识，不表功，不盗名。

在祖国改革开放面临转型和深化的新阶段，90岁之后的我仍希望在健康允许的条件下，保持勤奋的精神，继续求索，贡献一己有限的智慧和力量。

本书既成，适逢清华大学建筑学院成立70周年，亦以此为庆，因为我的学术人生也可以说是从清华开始的。

目录

目录

第一篇

成长之路

第一章　童年岁月

1922年农历五月初七日，我出生于南京，属狗，后来为了好记，一般都记作公历五月七日。

时局动荡

我从小生活在一个动乱的时代。很小的时候，南京的时局稳定过一阵子。现在看来，是北伐战争结束后的那段时间，当时的《首都计划》在拟定变化中，南京城有不少工程建设，盖了不少房子，修了政府大楼，修了中山陵。举行“奉安大典”，专门修了中山路，以便中山先生的灵柩从北京迁到南京。这些建设方面的零碎记忆，对我后来选择建筑专业有些影响。

没过多久，时局就变了。1931年“九·一八”事变，日本占领东北，对华北虎视眈眈，汉奸殷汝耕说要自治，也不安宁。我还记得当时在南京日本大使馆的一个官员突然“失踪”了，日本就派军舰到下关，解开炮衣准备开战，以此相威胁。后来中国警方在中山陵园找到了这个“失踪者”，闹剧被揭穿，“失踪者”被送回日本，此事悻悻收场。1932年，我上小学三年级，又是“一·二八”事变，上海打仗。这样的大动荡接二连三。当时的国际联盟派李顿爵士来南京调查，学生列队欢迎，我住在老城南，要去城北迎接，当时我个子小，跑得慢，还被老师打过耳光。

1920年代末到1930年代，世界经济萧条，很小的时候我就常常见到报纸上“经济不景气”的字样。我家里原来是做缎业生意的，这曾是南京的优势行业。历史上南京丝织业很发达，但在这样的时局下也受到了影响，商铺纷纷倒闭。我家的缎业也凋敝了，当时最多能向云南地区卖一些，因为当地的土司还有些需求。

家道中衰

我家居住在城南门谢公祠，现在已经成了大杂院。在我幼时的记忆中，第一个院子中央的石盆上有荷花，院西南有腊梅一株，正厅中悬有朱伯庐治家格言，隐约记得在第三进屋子西侧的一个院子有一棵石榴树。有两口井，一口自用，另一口通向墙外供邻居用。

我家过去也有字号，叫“吴德泰”。听我母亲说，我的祖父名吴有禄，号“寄梅”，做缎业为主。祖父有一个理念——“积财不如积德”，热心于公益事业，冬季办粥厂，夏季备解暑药，救济穷人，家中大门门联“绵世泽莫如为善，振家声还是读书”。他也是个社会活动家，1914年间，南京曾举办“南洋劝业会”，这是一个很大的国际博览会，目的在振兴实业，我祖父是绸缎业公会的副会长，是社会上的活跃人物，口碑很好。我四五岁的时候，家里让我去街上买菜，我还记得有人指着我说：“这是‘寄梅’的孙子。”

听母亲讲，祖父生意好的时候，家里条件很好，我父亲还在念书，祖父希望他在国学上发展，后来祖父去世了，生意垮了，父亲到别家缎号帮着做事，先在“于啟泰”，后来又去了上海帮一些缎号管账。我父亲每个月寄来20块钱，我母亲又把首饰等物件抵押到外祖父那里，每个月能再多拿 17 块钱，这样总共 37 块钱就是全家的生活费。

我的兄长吴良铸，长我十岁；妹妹吴素娟，小我两岁。一家人每个月靠这 37 块钱过活，非常紧张。我母亲用每个月所得既要买柴米和其他的生活必需品，包括一桶煤油，晚上点灯，油灯上面还要热菜，此外还有应酬等，生活非常困难。靠母亲操劳，各事安排得体，得到亲友的敬重。我还记得我母亲营养不良又过度操劳，一度双腿站立困难，后来靠吃麦芽糖拌着米糠恢复元气。

我哥哥书念得很好，在金陵中学读书，毕业后教书，做家庭教师，努力进取，后来考取金陵大学。读书学费的来源是任家庭教师所得，外祖父家，我三舅舅、舅母与我母亲相处很好，能够接济一些，但事后必定归还。还有一个姨娘王民华，曾任大行宫小学教师，后做小学校长，终身未婚，也能帮一点，就这样支撑了哥哥上中学、大学。

我外祖父名李耀南，字号“李光廷”（缎号）。外祖父六七十岁的时候营业很盛，家里很热闹，有很多字画匾额，但后来传至他三个儿子经营不善，逐渐衰败了，生活也大不如前，完全符合中国的谚语“富不过三代”。外祖父早年在南京九儿巷有一处豪宅，有花园、花厅，院落很大，饲养有鸽子、金鱼，后来经营不善，都衰落了。这组豪宅本来应做文化遗产保存的，比现在作为文化遗产的南捕厅“九十九间半”某房要宏大精致得多，但在新中国成立初被拆除，着实可惜。还有件事也值得一提，即在抗日战争时期，我的三表兄，名李惠成，与我同在南京钟英中学就读，后病死于外症。新中国成立后，一位党的干部来访告知，惠成当时是地下党，在日伪时期做了一些革命工作。

我家一直都是比较穷困的（房子现在还在，尚未被拆除）。有时我母亲常住在外祖父家，我与哥哥中午能买一碗馄饨和一个咸鸭蛋已不错了，还得分中、晚两顿食用。我就是这种困难的境况中慢慢熬过来的。母亲安于贫穷，她常说："生儿不如我，要钱有何用？生儿比我强，要钱有何用？"但母亲一直教育我们要争口气，做人要有骨气，要奋发有为，衣服要整洁，仪表不能垮掉，不能为人家取笑。这也影响了我和哥哥读书的态度，我们一直很努力。在那个时候，父母送我们上学，进的是"洋学堂"，要顶着保守的缎业生意人的种种闲话，父母亲一直鼓励我们兄弟读书。我名字中的"镛"字，意即大钟，我在小学时父母为我取别号"振声"，又名"如响"，取"君子如响""大扣之则大鸣"之意。若干年后，其他一些亲戚的孩子多穷困败落了，我们家总算克服种种困难，跟上了时代。我还有个叔父也受到我母亲的影响。我父亲成家时，我叔父六岁，母亲把叔父带大，比较有感情。他"学生意"，即帮人家从学徒、店员做起，以自己的努力终于成为蚌埠一家纸店的老板，抗日战争八年，父母亲、妹妹，包括带我及妹妹长大的孙奶奶就寄居在叔父那里（直到孙奶奶病死在蚌埠，我父亲将她的灵柩运到南京南郊牛首山我家的祖坟中安葬，墓碑：义女吴素娟立）。虽说是寄居，并未闲着，我父亲帮助料理店务，母亲里里外外照应。两位老人这八年最为欣慰的事即在我父亲五十大寿时，叔叔办了两桌酒席，为我父亲庆寿，给两位老人无限慰藉。抗战八年，两个儿子不在身边，总算熬了过来。

早年教育

1929年，我念了半年多私塾，对私塾我有两点难忘的记忆。第一，我母亲为我做了一个很特殊的书包，绿色的粗布，在一个角钉了一个铜钱，书包内放了一本书（大概是《幼学琼林》），两支毛笔。毛笔是我母亲从某处觅得的，是为菩萨佛像眼睛开光用过的，据说用这支笔启蒙写字，将来字写得好。第二，上私塾的第一天，老师带我向天地君亲师和孔夫子牌位叩过头，此后老师一直待我很好，从未打过手心。

当时江苏省的中小学教育是很优秀的，水平比较高。我的小学是在离家很近的“荷花塘”附近，原来是曾国藩的弟弟曾国荃的祠堂（俗称“曾公祠”，现在被拆除了），院子里面有两棵老梧桐树，有钟、鼓，有匾额，题字“是之谓不朽”，办得挺好。我是第一班的学生，校长章星南写得一手好字，不时有人来求字。他的儿子跟我同班，因此我们班得到较多关注。书法绘画老师叫周金声，他一直鼓励我搞绘画、工艺美术，彼此有很深的感情（抗日战争的时候在重庆街道上还碰到过）。当时我的画曾送到国际联盟去展出。

小学的时候有一次考试印象很深，同学们问我能考多少，我说七八十分吧，后来得到了五十分，五年级的年级主任仇眉轩，他在路过时听到了，在课堂上狠狠地批评我：“吴良镛骄傲了，不是如他自己所说的七八十分，而是五十分！”我那时候真感无地自容。这个教训到现

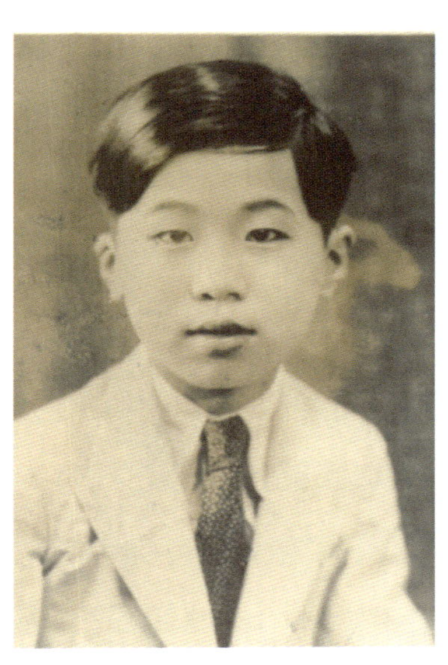

幼时留影

在九十多岁了还记得，让我认识到一辈子一定要兢兢业业的，稍有放松可能就会出问题。

在小学时期课外读物一为谢冰心的《寄小读者》，一为丰子恺的漫画。直到我上大学时还注意谢冰心的文字。

小学毕业，我没考上市公立的学校，就在私立钟英中学读书。钟英中学很有名（2014 年该校恢复原校名并隆重纪念成立 110 周年）。当时都传说“数理精，进钟英”，校长是南京有名的数学家余介侯。在当时的政局下，钟英还重视童子军和军训的训练，所以又传说“要当兵，进钟英”。在钟英中学，我只是念到初中，教导主任陈重寅、国文教员邱建中、数学老师曹敦厚、英文老师谢良德、史地老师詹子政（后来是镇江中学的教导主任）、美术与绘画音乐老师於韵秋，我对他们很尊敬，有深刻印象，这些教育奠定了我的文化基础。学校请来的专题讲演，我特别感兴趣，我记得有次请到的是中央大学地理学家张其昀，他讲的题目是“中国地大物博人口众多之真相”，我得到的认识是“地大物不博”，这是第一次受到很深刻的国情教育，至今印象深刻。中学二年级学习过程中，有一件事情记得很清楚，一次考数学，我正交卷子，校长走过来（这位校长常被称道，据说每个学生的姓名都记得），校长问数学老师这个学生怎么样，曹敦厚说我是“中等水平”。就这一句话，对我的一生都很有影响，我总觉得自己是中等水平，不敢骄傲，不努力就要下滑。

小学时，东北失陷，中学的时候，华北也出了事，日本打到绥远。傅作义军队抗日，学生就将募捐所得援助绥远，支援抗日军队。后来傅作义还写信到我们学校，专门表示感谢。那时候，北京正当“一二·九”运动，之后就有部分大学生南下，向政府请愿。在南京的学生呼应，一同请愿，并且还在中山墓“哭陵”，向中山先生哭告。当时学校很怕学生闹得不可收拾。国民党政府、学校，虽然都鼓励拯救民族危亡，但学生运动一起来，政府还是要干预，严肃对待，怕出乱子。

在抗日的大气氛下，有的高中学生就去军校参军了，初中学生积极参加童子军露营、操练。我也参加童子军，在露营中设计过一个“地图灶”，是依中国地图外形的灶台，中间圆形放锅的地方寓意“中原鼎沸”，东北方向排烟的烟火寓意“东北烽火”。这在总结露营成绩的全校大会上很受赞赏，也算是我小时候做的最受表扬的设计了，我父亲在他的晚年还记得这件事。

西安事变爆发，令人震惊，我还记得当时报纸上头条消息是“劫持统帅，妄作主张”，但是年龄小，具体的事情并不是很清楚。当时还听说过江西的共产党政权，但也只是听说，没有太多了解。

我高中在镇江中学（江苏省立二中），但只读了一个月后，抗日战争就爆发了，上海战事失利，就匆匆离校。

总体说来，中小学阶段的学习为未来打下了基础，很多优秀的老师起到重要作用，我一生都感激他们，时局的动荡我也一直关心，但对大局认识很模糊。

父母兄长

我小时候时局不好，父亲工书法，通国学，却找不到职业，在上海的商号待过，在律师事务所待过，在黄河水利委员会待过，充当职员，无定业，常常不在南京家中。因他基本不在家，仅在我幼年为我讲解过《孟子》、《古文观止》少数篇章。父亲为人很厚道，一直受亲友的敬重，1937 年，抗日战争初期，为了躲避日本飞机轰炸，我一家躲在江宁县元山镇，我外祖父李光廷家，两人志趣相投，熟知典故，共读过北宋《纲

1970 年代全家合影

鉴易知录》，引经据典，相谈甚欢，我仿佛才领会这两位老人熟读经史的学术根底。

我母亲受过家庭的传统文化教育，仅能识字、阅报，但是看到南京缎业衰落的情况，坚持孩子继续走教育、读书的道路，体现一身正气、铁骨铮铮，以每月 37 块钱支撑了整个家庭，哥哥的就学、孩子的成长都要照顾，坚持“人穷志不短”，还要在亲友中保持一个“面子”，很不容易。家里虽然不富裕，但母亲对孩子的教育抓得很紧，教育孩子要立志、向上、有正气，教育为人要有正义感。1965 年印度尼西亚右派政府派人冲击中国使馆，我哥哥留守，我家人建议母亲出面申请能否以照顾老人为由让铸哥回来，母亲说“不能这样！先有国后有家”。后来外贸部来人慰问，对我母亲非常尊敬，当周总理派飞机接外交人员归国，在欢迎从印度尼西亚归来的“红色外交战士”的参与者列队中，我母亲列为家属第一名，周总理从她身边走过，微笑致意。我哥哥晚年还专门赋诗一首，怀念母亲的教诲：

慈亲遗训永难忘，律己从严待友宽。

忠孝难全先报国，成仁取义卫家邦。

我母亲一生困苦，但她终生引以为豪的是她曾随梁思成登上天安门旁观礼台遥见过毛主席，并在北京饭店前群众队伍中见到朱德总司令阅兵，还见到周总理。在临去世前她还提起此事，堪以告慰。

还要缅怀哥哥吴良铸的提携，他比我年长十岁，扶持我成长。家庭衰落，哥哥中学毕业就当了家庭教师，以此贴补家用，并依靠自己奋斗得以在金陵大学经济系及外国文学系（辅修）就读。品学兼优，毕业时获得斐陶菲励学会奖，奖章有一定含金量，家贫拿不出这笔钱，奖章一直存放在金大校中，这件事是由我侄子从南京大学档案里查得、证实的。“斐陶菲奖”在当时学界堪称崇高荣誉，有不少那个年代的著名科学家如钱学森、林秉南都获过此奖。哥哥人品卓越，为人称道，我自幼奉为楷模。在我读初中时他教导我，“读初中就是一个新的开始，要力争上游”。为了补习英文，我住在他的大学宿舍，他为我温习功课后，我即睡在他的被窝，他作业弄完，与我同被就寝。1937 年，在抗日战争的烽火中如

1973 年与兄长吴良铸合影

父亲旧照

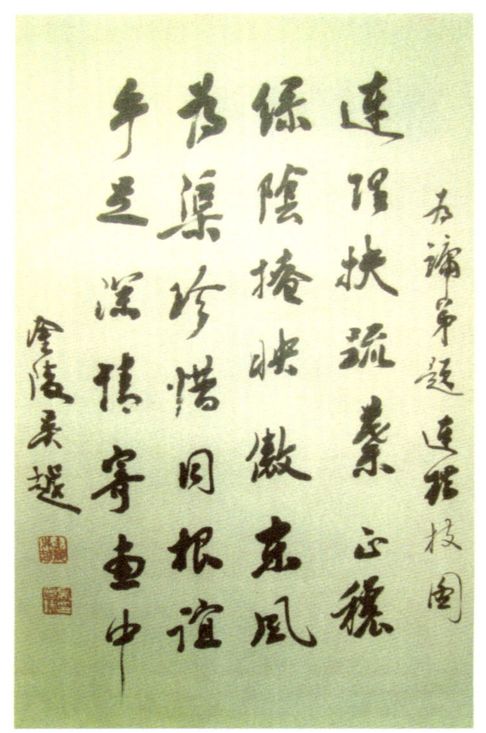

吴良铸字画：黄山书画题赠

果不是他带我离开南京到后方，这一生的经历很难想象。1948 年我出国留学，虽然有奖学金，但是船票等开销还需要帮助，哥哥当时在社会混乱的情况下鼎力资助我，后来对我的事业也一贯扶持，谆谆教导。他的第二个孩子吴昕天资聪颖，自幼即留在我身边，由我母亲照料长大，直至清华附中毕业，意在报答其父对我的教导之情。

第二章　抗战、流亡与就学

抗战爆发

“七七”事变之后，我们不敢在南京家里待着了。为躲避飞机轰炸，我一度住在南京浦口一个亲戚的田家油坊的后院，和外祖母一起，后来外祖母因异地生活不便病故，我又到南京南郊元山镇的外祖父家。后来考入镇江中学，八九月份学校开学，我遂入学读书。学校在黄山，新建的校舍很好，在山坳，在那儿念书的时间总共仅一个月。学校的校长沈亦珍，原来是上海中学的教师，哥伦比亚大学的博士，在学校威望很高，教导主任是我的初中老师詹子政。课程很紧张，化学课是用英文课本，教师也用英文讲，听起来很吃力，其他的功课也都不轻松。一个月后，上海战事越发紧张，学校通知停课，我也就匆匆忙忙迁回南京了。当时我哥哥在金陵大学经济学系教书，兼在图书馆工作，战势更紧的时候金陵大学也决定内迁,哥哥就带我跟着金陵大学迁走。至今仍能回忆起“逃难”前夕的情形。父亲在屋中来回踱步,嘱咐我:“以后的道路要自己走了，要努力向前，人穷不能志短，要尊敬兄长，要记得‘兄友弟恭’”。母亲含泪在我的棉衣内缝进一个金戒指，以备万一走散了，供不时之需。大难临头，家家都在准备逃难，父母和妹妹都到南京元山躲避，抗战八年又在蚌埠叔父的店里工作生活。南京失守以后我和父母、妹妹一直也没有联系，直到我到了重庆一两年后才恢复通信。

我随哥哥跟着南京金陵大学内迁，先是匆忙坐船到了武汉，一起逃难的还有我母亲的表妹一家和小学老师王民华。船到武汉后才发现，我的行李丢失，非常沮丧。从此一直到第二年四月只能跟哥哥合盖一床被子。在武汉的那段时间，我无事可做，没有学校可以上学，报纸上也找不到招生或招聘的信息，不知何去何从，跟其他千千万万的人一样，非常彷徨。我们在武昌胡林翼大街上的开明书店后面租了两间屋子，那时候除了在武昌、汉口走走转转，最多的时候是在开明书店看书，我站着看摆在台面上的各种书籍。后来，我又跟哥哥安顿在华中大学，期间也住过武汉大学。武汉大学的校舍还是新盖的，留下很深的印象，后来才知道是由美国建筑师墨菲（Murphy）设计的。总体上，这段时间是漫无目的，由于没学上一直很失落，总像是在阴影里走不出来。

在武汉也就安稳了一个月，金陵大学又进一步内迁，我们坐船从武汉到沙市、过宜昌，沿着三峡到了重庆。到重庆时，正好是 1938 年元旦。沿途路过小城镇，当时江水急，很不安全，未及黄昏，船即靠岸，得以登岸参观。张飞庙最大，在暮色苍茫中蔚为壮观。1980 年代修建三峡大坝前，眼见这些风景绝佳的城镇点就要消失，我曾安排一位清华硕士研究生对这些小城镇作调查。因为要修坝，这些城镇经济衰败，增加了调查工作的困难，结果不理想，未留下相关资料，非常可惜，至今他本人认识到这一点也感到懊悔。当时我其他工作忙，后来也为没有与他同去感到自责。

这个时期，江苏省政府组织战区流亡教师和学生登记，开始酝酿筹办国立中学，在合川建立国立二中（一直到抗战胜利搬回江苏省的常熟，改为常熟中学），起初有女子部、初中部、高中部分散在北碚和合川间，后来都集中在合川了。我在重庆住了四个月的时间，等到学校开学，就从重庆来到了合川。

在合川国立二中学习

合川原来是中等规模的县城，在嘉陵江和涪江交汇之处，本身就很繁荣，学校兴建起来之后就更加繁荣。我在二中继续了高中的学业，开学的时候是从高一下半年念起，从 1938 年到 1940 年，念了两年半。这个学校当时是江苏省组织扬州、苏州、上海、南京中学等流亡的教师一起建起来的，师资水平高，流亡教师教导流亡学生，非常精心，教学质量很高。

校长周厚枢原是扬州中学的校长（扬州中学当时是江苏省最有名的学校），镇江中学、南京第一中学的校长等七八位中学教育名人都任校委，他们后来又都去了其他学校，如交大、复旦等大学任教职。我记得扬州中学著名数学老师汪桂荣，数学教学质量高，不仅每次讲得清清楚楚，第二天上课都口头复习，连数学题目哪个大学考过都娓娓道来。物理老师姓卢，没多久就应聘某大学教授了，走之前还差两个月放假，舍不得学生,加紧把课上完了。国文教师戴劲沉,是江苏苏州中学首席国文教员，是名师，字写的是类康有为体，课讲得非常好。化学老师戴敩之还在其他学校兼教国文和英文，得空还吟诗。这些老师深得学生敬重，学生们也都非常用功，全国战火熊熊，能有这样的学习条件实在难得。

生活上，教师对学生也非常关心，可能是因为都是流亡他乡。由于我被子在武汉丢失，又没钱买厚被子，与铸哥同盖一床被，直到他去成都后，我靠新购的薄被过冬。戴敩之老师注意到这种情况，就为我准备了新被子，并专门对我说：“不必说出去，因为学校实在没有多余的钱为别人添置了”，当时我感到说不出的温暖。流亡教师关怀流亡学生，别有一种感情在心头。后来经济越来越困难，学校的伙食也从一张桌子四碟菜变成了两碟，但是学校还是克服困难，做了很多的努力。老师们也越来越清苦，很多老师都兼授其他学校的课程，雇用人力车，在二中下课就赶至其他学校上课，如戴敦之老师就这样。

当时生活条件困苦，营养越来越差，肺病是很大的威胁，差不多每年班上都有一人因肺病死亡，而且都是自己很要好的同学，他们病危前我还照料过他们，现在想起仍颇为神伤。

学校还搞了些建设，我都有印象。学校高中部背临唐代濮岩寺，有碑刻和石窟佛像，多已风化不堪，我依稀记得从宿舍院外就能抬头望见远处的摩崖石刻。由于学生增多，供水困难，当时曾专门从城里用毛竹管找坡引水到濮岩寺，差不多十多公里的距离，又在学校用石头砌了个池塘，作为饮用水源，池塘边上就是人工小操场。当时为纪念鸦片战争一百周年，凄风苦雨下，在操场上举行纪念会，由万颖香老师讲述这段历史。后来学校又在合川城边上，蟠龙山脚下新扩建了高中部，山顶上稍削平，盖了四栋长排的房子，山下为大操场，女子部、初中部共同使用，它就紧邻合川县城，现在建有纪念亭。

合川濮岩寺远瞰（1938 年绘）

我曾经在武昌暂住的开明书店不久也搬到合川了，无锡排骨店也搬过来，学生要进城，吃点排骨也能解解乡愁。四川还是比较富裕，开明书店办得挺好，当时一度出现过一部珍本书五臣注《杜甫全集》，是几种色彩套印的。我每次进城，一再翻看，爱不释手，但无力购买。县城还有图书馆，冯友兰的《中国哲学史》我借阅了上册，但看不懂，这时期有一度大武汉保卫战很吃紧，但这里环境比较安定，我度过了充满回忆的高中三年。

合川是一个让人迷恋的地方。合川城中有两座宝塔，春天出了城，遍地菜花，那娇嫩迷人的柠檬黄望之使人精神振奋，人行花丛中，花高过人。学校濒临嘉陵江和涪江交汇处，每年冬季水枯，河水退去，岸边滩地露出，会形成自然的集市，非常热闹。记得有一次春水提前涨了，集市淹没，相当数量的人溺亡。

合川附近有一个地方名钓鱼城，元世祖忽必烈的弟弟蒙哥曾带领兵攻打，进攻多次，没有成功，蒙哥战死在钓鱼城。这个故事很有名，有一次历史老师在课堂上专门讲，我和同学也去过，登上城址，远看江流平野，景色非常开阔。

合川的附近还有大足，石刻和壁画很有名，当时没去过。1980 年代有一次去重庆特意前往，岩石上有佛像，卧佛很壮观，周边有塔和寺庙，现在已经是驰名的胜地了。那个时候的合川已经受到了一定现代化的影响，由于卢作孚的经营，民生公司的船沟通合川和重庆，交通便捷带来了繁荣。城中的道路是用三合土，利用当地的桐油加石灰拍打而成，很光滑，雨后也不泥泞。当地的饮食业也很发达，随学校办起来，军队等单位搬过来，更加繁荣。文化方面也很活跃，我记得 1938 年，著名的戏剧家洪深带团来合川，演出了他用四川方言排练的话剧《包得行》，戏剧团有一个钢琴家指挥演奏《云雀》(*Lark*)。有些学者来合川与学生座谈、演讲，数学家余介石来过，校委沈亦珍用英文来讲演，学生不懂，教导主任又解释一番。学生社团也很活跃，因为流亡，有学生排练《三江好》话剧，表达对东北的思念，还有有名的话剧《放下你的鞭子》。学校的校歌为李清悚作词，开头是“我们别离了三千里外的家乡，弦歌起舞在嘉陵江畔……”，非常能够引起学生的乡思。学校里面也有学生思想比较活跃，我记得有个学生名季耿，思想偏左，曾经跟校长周厚初公开争辩，批评学校是奴化教育……

在学校，教师和同学有很深的感情，记得有一次我得了痁疾，泻肚，体质很虚弱，校医陈君朴看我体力太差，专门派人到他私人诊所拿了葡萄糖针为我恢复体力，还让食堂师傅特别给我买猪肝滋补。

这一段时光让我非常留恋。在抗日战争的不安定环境下，还能够比较安静地读了两年多书，非常难得。

1940 年，要毕业考试了，大学入学考试在 7 月 25 日至 27 日三天，考试最后一天，我记得天气很不好，考完试很累，我躺下来就睡着了。没多久，警报响了，我们急忙往蟠龙山下的防空洞躲避。刚入洞，就地动山摇，防空洞里面碎石脱落。等一两小时后，出了防空洞，已经是下午三四点了，整个城市漫天大火，近半个合川城都在燃烧。听说学生被炸死了两人，国文教员戴劲沉和他儿子都被炸死。夜里，从蟠龙山远瞰，大火一直不灭，远远传来街道上“狗哭”时呜咽、号叫的声音，让人毛骨悚然，这种悲惨情景永远难忘。我至今一想到这一幕，就感觉呼吸急促、喘不过气来。幸第二天清晨下雨将大火浇灭，繁华的小城半边被毁了，我难受得不得了，几天后就离开了，去北碚小学我姨母处。两个月之后，同学告诉我，我考取了中央大学，我就离开北碚到了中央大学柏溪分校，寄居在一位任分校图书馆馆员的亲友蔡先生居住的阁楼上。这时还有一两月才开学，正好可以在图书馆中随便翻书，有次知名学者宗白华差人挑一箩筐书籍来还书，又按书单另借一箩筐回去。我瞄了一眼，多为美术、历史类书籍。当时宗白华为了避日本飞机，住在柏溪对岸，我当时心想，原来大学教授是这样看书的。这是我即将跨进大学之门时获得的第一印象，也是读书教育。

在重庆中央大学学习

1940 年至 1944 年，我在中央大学读了三年半书。1940 年至 1941 年，我在柏溪校区，重庆西南几十里，是分校，大一的学生集中在这里。校址在嘉陵江边，有溪水从山坡上流下来，汇入嘉陵江，我们常常顺水边的石级过桥，台地上就是分校校舍，环境很美。1941 年二年级之后迁往沙坪坝校本部，在重庆大学旁边。学校有一个山包，山包由环形路围绕，教学楼部分面向嘉陵江，宿舍靠近小龙坎。后来中央大学改名变成了南京大学和南京工学院。我在重庆中央大学学习的时候，原来国立二中的校长孙为霆转任中央大学柏溪分校主任，所以我对人文环境一点都不陌生。

大学第一年，不分科。后来分专业，我选择了建筑系，这跟当时合川轰炸、城市毁坏有关系。那时候建筑系教育接受的是巴黎美术学院（Beaux-Arts）的模式，学西方古典，第一学期要学画法几何、阴影透视，要学建筑初步，还有些讲课，下学期是建筑初步设计，还有语文、英语等其他公共课程和选修课程。

那时候的中大是一个综合性大学，有不少知名教授，可以根据自己兴趣去听演讲。当时的校长罗家伦，原北大的学生，是五四运动的旗手，曾任国立清华大学第一任校长，又在中大当了十年校长。我听过他作的两三次讲演，印象很深，他哑嗓子，讲演很动人，年轻的学生听了为之动容。他的文章写得也好,他的“玉门出塞歌”颇能激励我们的爱国激情。我在二年级读过他的新书《新人生观》。

学校有文学院、教育学院、理学院、工学院、农学院、医学院(在成都)、艺术学院等。每个学院、每个系都有知名教授，这些教授定时被邀请做专题讲演。那个时期，重庆一度比较安定，文化人很活跃，讲演有比较正规的,如“沙磁区学术讲演会”,也有社团举办的,有一个社团“秀野社”,现在我也不知道它的背景，出头露面的有一个头名庞增廉，仿佛是一个公子哥，估计背后还有能人；学生会当然是国民党三青团的基地。各种思想比较活跃，左、中、右都有。左的，郭沫若那时候刚写了《屈原》，就在学校讲《屈原》，自己仿佛是屈原的化身，讲话的潜台词皆有所指；右的，王云五，商务印书馆的总编辑，大笔杆子；还有中间的，写《金粉世家》《啼笑因缘》的章回小说家张恨水。朱自清也来讲过，学生好奇心强，我还专门追赶观望他的“背影”。

学校外表很平静，实际上不免受到政治的左右，我在中大读书时前后换了五个校长，罗家伦、顾孟余、蒋介石、吴有训、顾毓琇。我记得同学们挽留过罗家伦，挽留过顾孟余，事实是反对当时教育部部长陈立夫对教育的控制，据说陈是 CC 派的。

当时的教师很贫困，听说有两位相邻而居的文理学院的教授因为碰破一个水缸就吵起来，蒋介石当校长时似乎意识到教师太穷困了，就给老师补发点津贴，还为每个学生发了一套军棉衣。但尽管贫困，学术氛围还是活跃，有很好的图书馆，查资料方便，我有一篇论文就是在图书馆里面写的。

在从沙坪坝到嘉陵江中渡口的坡上，有些茶馆，可以说是生活服务中心，有卖小吃面点的，学生那时候没有地方可逗留，就泡茶馆，茶馆成为学生、老师唯一的公共空间，又变成交流学术的地方。那时候没有什么学科的概念，是茶馆文化，阅读文学、历史、哲学，大家都感兴趣。无家眷的老师课余无处可去，无家可归，整天在茶馆休息，一直到晚上才回去睡觉。老师常常跟学生聊天，学生之间也经常讨论，杨廷宝偶尔也来过，还在茶馆边买红薯佐餐。

这样的学校，这么多的学院，当然就带来了一定的活跃。特别是对自己有兴趣的学科，想听什么听什么，我就听到过顾颉刚的讲课，观赏文史学家、书法家胡小石每日清晨挥毫（他儿子胡令闻也在中大，跟我很熟），也听过他讲“书法史”、书法的要义，讲用笔、结体、布白的要诀，这对我学习书法乃至建筑构图都有启发。李剑晨曾请他的河南老乡董作宾来讲他的甲骨文研究，还有唐圭璋讲词学，孙为霆（吴梅的弟子）讲曲选。最诱人的是艺术系，第一年名义上是徐悲鸿任系主任，他访问南洋、印度去了，代理系主任是吕斯百，也是油画家，吴作人、傅抱石都在。那时候傅抱石还没有盛名，但是很勤奋，三年内连开过两次画展，山水、人物、题字、篆刻都令人刮目相看，从那时候起就引起我对他的崇敬。中大艺术系老师上课，爱好艺术的几个学生们混进去看，我看过吴作人在评论学生作业的即兴表演，勾勒人体极为准确，线条之漂亮，让人神往不已。我记得我曾在路边写生吕斯百所住的村庄，正好吕斯百路过，他开始站在我身后未打搅我，后来拿起我的画看，夸了几句，给我很大的鼓励。沙坪坝对面的磐溪，有流水，有四时运作的木制水车，别有一番意境，徐悲鸿从海外归来在此不远处办了个美术研究院。这地方很幽静，周围还发现了汉阙，李剑晨老师带我去探访他，屋子宽敞，陈列有很多名画，里面有齐白石等人名作。那时候知道齐白石的人还不多，徐先生自称是他早年在北平发现了齐白石。美术专科学校一度搬到磐溪，校长陈之佛，擅画花鸟，兼长工艺美术。当时重庆的艺术界盛极一时，张大千敦煌归来就办过一次画展，常书鸿法国归来去敦煌前，也办过画展，我都去看了。1945 年 4 月至 5 月间，滇西归来，我在重庆看到李可染第一次画展，在 1978 年我认识他后，告诉他我早在 1945 年在重庆大学时就看见了他的画展，他非常高兴，因为这次画展已经很少人向他提起了，他连声道："我相信你真是艺术爱好者。"建筑与艺术对我来说可谓是两种并行的学习，从两种专业修养中受益。而这种并行的学习可以说是从中大一年级从分校返回主校区开始的，一方面是受美好自然环境的吸引，另一方面也是艺术系的课程与氛围的感染。

还有其他的课程，结构是土木系的老师讲，一位很有名的工程师狠狠批评建筑系学生对结构不重视，这也是实际情况，但辞句过于生硬，听起来很刺耳，没有起到正面效果，反而引起学生的反感。

我爱好庭园，选了庭园的课。那时候中大园艺系有一个教授毛宗良，是当时教育部部聘教授，声望很高，对观赏植物很精通，当时听课所得至今记得一些，感觉这门学科里也有大学问。

当时沙坪坝教授中可谓人文荟萃，各种思想派别都有，也有批判时弊的，如马寅初，在重庆大学讲演，骂孔家、宋家，用手一画，意思说都要除掉，后来失踪了，据说被关在贵阳，为此，学生还建了"寅初亭"纪念他。还有很有名的英国牛津大学回来的学者杨宪益，办了一个壁报，名"小中大"，专门讽刺时弊，讽刺时任国民政府主席的林森是"a man with five woods"。我后来从叶仲玑教授处得知，当时在重庆的周恩来还在南开中学秘密地做过讲演，他去听过。总的来说，中央大学在政治上不活跃，不能与西南联大相比（该校向来有优秀传统，并且有云南地方政治力量龙云的支持）。

我在中央大学主要潜心建筑业务的学习，重视建筑设计、建筑历史、建筑艺术、表现技巧，热爱中国文化。那时候建筑系教师也出色，听说我来校之前有一次学潮，原来的系主任被请走了（今百岁的校友刘光华对此有详细的回忆）。老师生活贫困，难于好好教书，设计课主要教师谭垣教授，平时讲话英文夹中文，普通话都说不好，生活困难重重，也想到上海去，其他想离开的老师不乏其人。1940 年，教建筑历史的鲍鼎教授接任系主任，重整建筑系，请杨廷宝来，留住了谭垣，留下了刚回国教书的徐中，并请杨廷宝写信给刘敦桢，请他从李庄营造学社回到了中大，并请来当时在美专任教务长的著名水彩画家李剑晨等，一时建筑系教师阵容大变，盛极一时。我们这一届学生是受益者。

建筑设计教学采取巴黎美术学院体系，导师带几个学生，一般五六个人不等，每组设计题目如博物馆大门等由几个教师各教各的组，最后请开业的建筑师如哈雄文、陆谦受、黄家骅、汪定曾等一起评图，平时客客气气的老师要为自己的学生争名次，像小孩子一样。作为学生，关注点并不在名次，而是看哪一个方案被评价为最好，为什么最好，自己的方案在哪方面失策。评委杨廷宝、陆谦受在学生中是最受敬仰的人物，陆谦受曾设计上海外滩中国银行大楼，复员后同学们曾去该楼探访他，工作书籍、杂志多得令人羡慕；杨廷宝当时还经营着基泰事务所，周六过来走一圈，看看图，再回到远郊歌乐山寓所，周一下山再来一次，看完学生作业就进城，每次时间都很短，学生都要很认真地听他对设计作业的评定。周六、周日还要加紧画图，非常紧张。这批学生中的杰出者如后来的戴念慈、郑孝燮，在新中国成立后的建设中都发挥了重要作用。

当重庆大学建筑系的陈伯齐、夏昌世、龙庆忠，他们都有留德或留日的背景，在中大兼课或讲演，后来去了华南，我都奉之为师。

1945 年中大建筑系老师中也出现了变化，刘敦桢继任系主任并工学院院长，后来童寯教授也来中大。鲍鼎教授在 1945 年就离校赴武汉，1950 年初出任武汉市建设局第一任局长，对于这一段历史后来人一般不太清楚。鲍鼎是我的启蒙老师，他教授我们中西方建筑史、城市规划等，对我学术思想的成长影响深远，我至今还记得他在《城市规划》的第一课就讲了“广义的住”与“狭义的住”。他曾邀我去武汉工作，只是我当时已在梁思成处，故未能践邀，但几十年来，念念不忘师恩。在 2007 年东南大学建筑系成立 80 周年之际，我以自己的稿费所得为他树立了铜像（石像座为东南大学配立），略表缅怀之情。在《中国大百科全书》第二版中也特将“鲍鼎”列为一个词条，表达鲍鼎先生之贡献，师德千秋。

我进入中大后，一方面有中大艺术系名师的吸引，也有一年级美术老师邓曙光（邓白）、二年级老师李剑晨对我的栽培，我对水彩画有很大兴趣，进步也很快，作品《山村》遴选入 1944 年重庆举办的全国美展，后来被邀在新疆展出，可惜画不知所终。郭沫若当时很活跃，举办过庆祝五十寿辰的书法展，我曾经听过他的文艺讲座。

在三年级下半期，我感觉对建筑学术发展似乎略得一些门径，对专业的学习豁然开朗，加强了课外阅读。抗战后期沿海为日军盘踞封锁，只能从越过喜马拉雅山的驼峰航线运来的缩微胶卷中了解西方建筑动态。在阅读了西方论“二战”之后城市改建、住宅建设的文章后，认识到在西方世界烽火连天、战事正酣时，即开始讨论**战后的问题**，令我思想顿悟，增加了对专业的兴趣与社会责任感。当时我们班上集资办了一份油印杂志，取名《建筑》，搜集老师和学生的好文章做成集子，杨廷宝还捐过 100 块钱。这个杂志在重庆办了六期，现在回头来看，我似乎摸索到了建筑学术发展的道路，孜孜以求，办杂志、看书、写文章，《释“阙”》那篇文章也是那时候写成的。杂志是手写油印，第五期用石印制图，在大后方有一定的流通，传达了当时的学术讯息。我们一班年轻学生闯出来的其貌不扬的小刊物，之所以受欢迎，是因为在这一段时期，它是重庆唯一的建筑杂志。

此外，特别值得一提的是，1942 年伫立于重庆嘉陵江边的中大建筑系系馆屋顶被暴风雨掀走，工人在整修屋顶时原先歌声不断，但后来一位工人接触到高压线，不幸牺牲，屋顶上顿时沉寂；当时我正读到杜甫《茅屋为秋风所破歌》:“安得广厦千万间，大庇天下寒士俱欢颜，风雨不动安如山”，启迪了我的“人居”之梦，是懵懵懂懂的逐梦人生的开始。

滇西远征与畹町会师

1944 年初，在我大学生活中有了一个重大的转变，在大学三年级，我陶醉在业务学习中，心情很平静。约 1942 年初，由于日本发动太平洋战争，滇缅路中断，缅甸日军进入国门占领怒江以西的滇西，幸我方撤退时主动炸毁在怒江上的惠通桥才阻止了日军的东进。美国派史迪威将军来华,在印度组成远征军,拟从内外两个方向打通滇缅路。在此计划下，内地各校应届毕业生都被征调为译员，任译员的工作约一年半。

这是我一生中比较重要的阶段，过去也说要抗日，但只是游行喊口号，这一次是实际参加了抗日战争。正如陆游诗词所言：“**切莫轻书生，上马能击贼**”。我从 1944 年初起应征受训。最初，我在重庆中央训

滇西古道（1944 年绘，中国美术馆藏）

练团接受了短期训练（当时出国的人都要训练），4 月赴昆明黑林铺美战地步兵训练营受步兵武器训练，我被分配至滇西远征军第二军美军顾问组，之后又从昆明沿着缅甸公路，经过大理、南邑、下关、弥渡、镇康等到一个战地服务中心，中国远征军第二军的美军顾问团联络组（Liaison Group）。当时一方面从中国云南向缅甸打，另一方面从印度、缅甸向云南打，以期会师。之所以要攻打这个通道是因为日本人已经把沿海占领，抗日后方的海上供给已经完全断绝，大陆的对外联系要靠从印度经过喜马拉雅山到昆明被称为“驼峰”的一条路线。当时要打出去只有一条道路，就是要冲过怒江。由于惠通桥已经为了抵挡日军东进而被炸毁，我们西进是坐橡皮筏子过怒江，之后就进入丛林，相当辛苦。抵达镇康后，我被分派到第二军第九师第八团，后来随着战争的变化，顾问组间也不断调动，师部、军部都待过，骑马打仗，真正参加了抗战。

云南的西边，真也是难得一去的地方，重峦叠嶂，有时候一天都在爬山，第二天就要整天地下坡。到了怒江岸边，借橡皮筏过怒江，马队通过就有困难了，需要提着马的耳朵，让马头露在水面外，很乖巧地跟随着筏子过江。怒江水急，筏子正对着岸找最短距离去，到达对岸有时候不知道已被冲到哪里，还要回头找路。那时候已经是雨季了，行军要穿过热带雨林，发了雨衣、皮鞋、钢盔帽子。行军很艰难，我最初没有经验，走在后面，由于没有路，又下雨，经过前面部队的践踏，泥很深，没法走，泥浆一直到膝盖。后来才明白，行军最好力争赶在前面，尽可能的“先行一步”，否则路越走越难走，体力消耗很大。“先行一步”，即在未经过大军踩踏后的道路上行走，比较省力。[1]

这个时期走过的地方，现在也难得一去。我们走了茶马古道滇藏段，当时经过少数民族地区，印象比较深的是彝族，当地叫白彝，白色衣服，银色纽扣，衣着行路很美，我至今还有少数民族地区的速写。我记得有

1　这一领悟我也用来思考治学、事业。如梁思成创办清华建筑系在学术思想上能先行一步（体现在《致梅贻琦信中》及 1949 年在《文汇报》上发表的《清华大学营建学系计划草案》），后来在议论纷纷中，就比较有底。“文革”后，我年逾六十，卸去行政职务后，改革开放的激励下开办研究所，近 30 年的经历也是“先行一步”的结果。当然，要在学术上先行一步不是像前述行军那么简单，必须有对新鲜事物的敏感，洞悉时弊，胸负酝酿，即使未定策划，有所领悟才能先行一步。特别是学术带头人要有更高的要求，他的智慧、学术远见与魄力，敢于“发人之所未发”，同时又必须谨慎、稳妥，不能随便，否则造成混乱，于事无益。

某一夜晚，越走越困，黑漆漆的，越走越走不到尽头，一直爬坡，爬到一个地方困极了，最终找到一个草棚，在两根柱子间绑起来吊床（顶层是一个帆布，两边两个树木捆着，为防蚊虫四周有纱，下雨还有雨布）。早上当我醒来眼外白茫茫的一片云海，渐渐白云沉下去了，太阳出来光芒四射，像在仙境，后读前人诗**“日落群山阴，晨起白云空”**就是这一景色的绝妙写照。我还偷闲写了诗句描写当时的战时生活：“采得山花三两枝，破瓶清供吐幽姿。萧闲意态真无我，戎马倥偬读宋诗。”

我所在的部队主要在龙陵一带，早期滇西的战事集中在三个地点：腾冲、龙陵和松山垭口，其中松山垭口是日本军队的重要据点，驻军很强，堡垒非常坚固。中国要反攻，这是耗时费力的恶战，伤亡极大，不拿下来就打不通滇缅路。

战争中，很长一段时间松山打不下来，很艰苦。我所在的第九师（当时也是很有名的战斗师）师长陈克非是有名的骁将，在第二军有很高的声望，他在前线熬了好多天，回来之后双眼通红。最后，日本终于抵不住，还是打下来了。日军匆忙撤退，我们部队乘胜追击，美军顾问组随着中国大队沿着日本人逃跑的路朝山谷底下追，追逐的过程中我曾看到日军的战马僵直地战死在沟里，还有一个军官尸体，手被砍掉了，据说在尸体运不了时，日军只能砍下一只手携带回国作为权宜之计。

在这次部队追赶之前，我曾一度驻扎在象达，我们在山坡上，底下是个坝子，日本人正占领着芒市。为了发现仓库或其他军事目标，我跟一个韩裔美国军官一起，连续观察日本汽车的运输路线，看车子停留的据点。连续很多天，每天初亮了上山，上山时用两节竹子中间打通储水，随身携带，发现了情况就用无线电信号通告美军联络站进行轰炸。这个过程中盘踞在芒市的日本人也向山里面乱打炮，防止被监视。炮火漫无

芒市缅寺（1945 年绘）

目的，其实是较安全的，但密集的炮声还是令人心慌。后来，我们真的发现了一处仓库，轰炸也成功了，这个美国少尉还得到了铜十字勋章。

我们追日本人一直追到芒市，就不再前进。那时候芒市刚刚经历轰炸，瓦堆里面有玉佛像的碎片，我有水彩画“劫后”以为纪念。追击的队伍一直驰向畹町，1945 年 1 月 19 日，我亲历了畹町会师，当时战区司令卫立煌也来了。会场是临时开辟的，各部队汇集在一起，分配到各部队的译员们也见了面，自是一番欢庆。

会师后队伍就闲下来了，下一场战役遥遥无期，军人们闲着无聊就打牌，喝酒。我也在休整，等待命令。我除了参加部队的操练外，还会读书绘画。中大艺术系老师徐悲鸿的学生冯法祀来滇西写生“村民捣米”，我从旁观看至几近完成。后来我去北平后才在艺专进一步与他结识。当时有一个美国军官，名字是 C. C. Medera，初来时对中国很不友好，时间长了他也发现译员的队伍除了征调的学生外组成也很杂。由此，我们倒还比较接近起来。我跟他说这里的战事结束了，我想回去读书，从事城市规划。他对此表示支持，帮我打了报告，联系从缅甸回来运送物资的车队，还配给我半箱美军罐头就离开了，我记得那时是四五月许。

搭车同行的还有一位熊团长，属攻打松山某部队。据他告诉我，他曾是病兵营的营长，后来因为松山拿不下来，已经面临最后关头，不得已他管辖下的伤愈的兵也应命集中上阵了。当时他对这些病兵说拿不下来我们也活不了，当时是抱着必死之心冲上去的，最后竟然攻下来了，可能这时日军也已经到了强弩之末。这是滇西最关键的战役，为此，蒋介石颁给他青天白日勋章,是最高级的奖章。他人很憨厚,跟我聊得很好，到一个地方，有餐馆、小饭铺他就请我吃饭，没有就用我的罐头，一路到了昆明才分手。这位战士给我留下了很深的印象，通过他的描述才知道驰名的松山垭口最后是如何拿下来的。

车队到昆明后便转乘另一队经贵州去重庆的车队。从昆明经贵阳，经过了“二十四拐七十二道湾”，道路崎岖，都是抢修出来的。我记得有一次车子正行着，突然前轮路基松动了，车子正上坡，这时有专人在关键时刻从驾驶车厢中紧急跳出来，在车的前轮下插垫木楔止住下滑。又经过贵州到达重庆，在贵州，车子停了几天，在贵阳观看了少数民族的舞蹈，现在回忆沿途所见，心影犹存，风景很是迷人，雨季的时候，满山云雾，气候的变化无常，时云雾穿插，似在画中行。在今天的安顺和晴隆一带，车子抛锚，好心的司机在汽车发动机的凝结水中滴给了我一些水，让我有机会完成了一幅水彩画。当地人相当穷困，沿途见了许

途经贵州安顺速写（约 1940 年 5 月）

多挑夫，伙食就是白米饭加点辣椒面，身背重负，拾级而登，实在乏力时，靠着石壁，在背上的重负下面垫上木棍，手扶着喘息片刻，继续攀登。目睹这种状况，我的心中感到另一种的沉重，滇黔之行看到穷苦劳动人民的生活，至今仍在脑际。

从 1944 年 5 月到昆明黑林铺步兵训练营，受新武器训练后，经长途跋涉至镇康作停留，过怒江前线直至畹町会师，共历时一年许。2015 年 9 月 3 日庆祝抗战胜利七十周年，我作为老兵被邀请参加天安门广场阅兵，真是欣喜，“文革”中所受的种种诬陷的悲痛一扫而光。

在 1944 年初我进入大学四年级，正当业务学习有所开窍之时，因抗日战争需要，所有这届学生全部被征调为医院译员，以应战略反攻的需要。

抗日战争期间正值我发育的时期，我与亲友一起逃难，总吃不饱，身体一直不好，倒是滇西战线不断行军走路，吃美军配给口粮，身体强壮了。云南贵州之行建立起我对西南山水、人民的感情，永未磨灭，且与日俱增。

纪念中国人民抗日战争胜利 70 周年大会请柬

第三章　梁思成的召唤

1945年，我从畹町经过贵州后回到重庆，原来的意愿很单纯，就是要回去读书。大学三年级的时候，我感觉开始对建筑学开窍了，对学术研究的兴趣也越浓了。当时还是表现在对中国建筑的探索上，我曾写了《释“阙”》一文，未被征调的两位同班女同学肖宗谊和张守仪把它登载到班里办的《建筑》杂志第六期上。

回来之后，不期情况有很大变化，旧的系馆已经拆除了，盖了个新的系馆，原有的系主任也换了，刘敦桢当了系主任。回校初晤面刘先生曾经跟我谈道，希望我当他的助手，“传其衣钵”，很热情，但后来就没有下文了。当我知道原委后（他对当时的某位助教不满意，拟以我取代），我就赶紧开始另找工作，其中一个是卫生署的中央卫生实验院，这时正承担着善后救济总署（国际机构）的中国任务，从事市政工程学术研究，事实上就是现在所称的环境工程，也拟扩展医院建筑。经徐中老师推荐，我被录用了，参加卫生工程训练班。有了这个工作我心里就有底了，到重庆之后短时间内就安定下来。5月份刚准备去上班时，先我两班的一个老学长卢绳（先在营造学社，后在中大任助教）找我，说梁思成先生希望我去见他，梁先生已经是众人仰望的学者，大家听说梁先生想见我，都很关心。后来见了梁先生之后我才知道，是因为梁先生和林先生看到了我写的《释“阙”》那篇文章，想找我谈谈，当时他正在重庆任战区文物保存委员会副主任（主任是教育部副部长杭立武）。

梁先生学术视野开阔，超出一般人，走在时代的前面。那时候美国副总统华莱士访华，梁先生的美国朋友把他需要的一些专业新书带给他，其中包括沙里宁的《城市的过去、现在和未来》。我到文物保存委员会的时候，他正在专心致志地读这本书。这时期梁先生已经开始考虑抗战胜利后的重建工作了，尽管 1945 年 5 月我见他的时候，他没有明确跟我谈这一点，但他也开始询问中央大学的教学情况，我能感觉到他对建筑教育的关心。谈话过程中他又问我是不是对中国建筑有兴趣，我随感而发，就说我到过西南之后有所转变，战争破坏太厉害，我想改研究城市规划。当时我年轻，茫然说的，也并非深思熟虑，但梁先生表示挺高兴，说他也在关心这个事情，已经在琢磨战后建设的问题。事后我才了解到，就在 1945 年初，他已上书清华大学校长梅贻琦表达创办清华大学建筑系之意。

我去见梁先生时，原以为他只想找我谈谈话，没想到他明确让我留下来，当天中午就让我在那儿吃饭。后来我每天都去，工作了两个多月。梁先生和蔼可亲，看到你好像对你已经很熟悉，很亲切。当时，梁思成身体非常差，人很瘦，真是弱不禁风。那时候他年纪并不太大，不到五十岁，但得了脊椎骨硬化症，胸部配了一个钢架，钢片外面用纱布裹起来，纱布间流露着锈色，画图的时候肩膀不能动，把下巴放在一个长颈的花瓶上，似乎为了减轻颈部的负担，我看着很心酸。那时候他还在拔牙，需要拔掉全部牙齿，当时医疗条件不好，再加身体很虚弱，他每拔几颗牙就要睡一两天，睡觉的时候钢架就架在旁边的椅子上。尽管身体很差，但他一直坚持工作，看沙里宁的书，后来写成文章《市镇的体系与秩序》，发表在重庆《大公报》上，现在看来仍然是一篇指引近代中国建筑发展的好文章。

那个时候，战区文物保存委员会的地点在重庆聚兴村，梁先生在重庆两路口中央研究院的建筑群里借了几间房子，有一个小套间，一间住，一间办公画图，还有一个助手打杂。

梁先生的办公桌子上都是有关文物保存的东西，常常有人来这里光顾。我记得费正清的夫人费慰梅来过，他们是老朋友。费正清是当时美国大使馆新闻处的负责人，梁先生通过费正清夫人和美国大使馆保持联系，也和美国学术界有联系。后来梁先生告诉我，费正清的夫人战前也做过古建筑调查，比如山东武梁祠，她根据拓片比例，统一为共同尺寸，将它排起来就拼成武梁祠的立面，从拓片做出复原图。对这种做研究的方法，我当时心中赞赏不已，非常折服。

在案子上，我还曾看到刘致平对当时四川广汉县的旧城建筑调查，我很感兴趣。这份调查不像过去营造学社报告仅仅做单个建筑的调查，而是包括城墙、民居、公共建筑、街道平立面等，完整的一套，对我后来搞城市史研究也有启发。据说这份图后来找不到了，刘致平本人也不清楚，有一种说法是到了台湾，后来与台湾有关人士沟通也没发现，很可惜。回想在战区保存文物委员会的那段工作，时间虽不长，收获却很丰富。中国有句古话“学莫便乎近其人”，在梁先生身边得到多种启示，让我大开眼界，增长知识，似乎恍然领会到学术研究是怎么一回事。

当时，我做的事情就是为梁先生的《图像中国建筑史》[1]（当时，照

1　1984年由MIT出版社出版。

片已经汇集到一起了）进行完善。如梁先生给了我很多宝塔的照片，让我做一个“塔的分析”。我分类、绘图，梁先生提建议、修改，后来成图，放在书中，现在出版的《图像中国建筑史》也有这张，不过图已是后来重画的了。当时还编过一个战区文物保护的建议，明确地标识了文物的位置，做了列表，林徽因先生后来告诉我，这个建议一式三份，一份交给政府，一份交周恩来，一份给美国人。

1945 年 8 月 15 日，抗战胜利，全民振奋，重庆大游行。第二天，战时文物保存委员会的历史任务也就完成了。于是，我就正式回到之前找到的工作单位中央卫生实验院。它位于重庆郊区歌乐山上，环境也很好，有一批学者，从事环境卫生、给排水、垃圾分类处理与环境管理等研究，院长朱章赓、汪德晋都是这方面学者，我至今记得研究“堆肥”的学者王岳博士、从事市政工程的胡汉升先生。这虽然属于另一专业，我却对此抱有莫大兴趣，因为它和城市规划有直接联系，到后来在工作实践上体会到是与建筑属于同一个大领域。

在重庆中央卫生实验院期间，我住在我姨娘的宿舍里，绕过梯田林地去中央卫生实验院，朝阳明媚，曾有一只翠鸟飞来，停在田坎上许久，我亦不敢迈步，直到它振翅而去，这一美丽的画面，我至今仍感觉似在昨日。

初在中央卫生实验院工作了一个半月，到十月份，我又接到梁思成的一封信，邀我去聚兴村去看他。这时林徽因先生刚从李庄归来，卧病在床，这是我第一次见到林徽因先生。当时正好中研院历史研究所的傅斯年也来看她，梁先生向我介绍：“这位是傅孟真先生。”林徽因也对我的到来表示高兴，屋子里似乎仅有一把傅先生坐的椅子，林先生见这种情况让我和梁先生去隔壁谈事情。隔壁是大空屋子，什么也没有，“我们就站着谈，简单说了吧”，梁先生说他已与梅贻琦校长说好了，已经批准他在清华新办一个建筑系，当前的建筑教育太保守，他想办一个具有现代新思想的系，事实上指应适应“二战”后的学术发展新思维。梁先生还说他将要去美国和欧洲考察，希望我去清华大学当助教，问我愿不愿意来？我在文物保存委员会的时候，梁先生就似乎已把我当作成员，对我很亲切，我本来也曾模模糊糊地想走学术道路，这次任命我当然喜出望外，不加思索，就立即答应了，惊喜之情溢于言表。就是这样一句口头的任命，开始了我在清华70年的教学生涯。

1946年初，我收到清华前工学院院长施嘉炀寄来校长梅贻琦的聘书。在等待西南联大复员期间，有九到十个月，我还继续在中央卫生实验院工作。期间实验院搬回南京，我也从重庆返回南京，见到阔别八年的父母、妹妹、亲戚、故友，熬过八年的苦难岁月，自有说不尽的话，但一时似乎又无从讲起。这时我的任务是修缮南京中央卫生署的建筑群，以及杨廷宝先生设计的中央医院大楼等。中央医院大楼因一度为日军部队驻扎，损坏不堪，需要重新修缮，任务庞杂而琐碎。这期间，我还一度赶去上海在陈植先生家与梁思成先生晤面，他来沪做出国前的准备，并向我交代学生开学作业安排及我北上交通的联系事宜。

在中央卫生实验院工作近一年，与同班同学刘应昌相伴，我深有收获。当时原善后救济总署拟向战后的中国捐建医院，我们就积极查阅医院相关资料，编成《医院设计手册》，另从事50、100、500病床标准设计。这时同为译员的程应铨从印度回国带回了德国学者Ludwig Hilberseimer的著作《新城规划原理》(*The New City: Principles of Planning*)，我与刘应昌共同翻译，由程应铨校对。这是我研读的第一本城市规划新著，在重庆生活过的人领略到“雾重庆”，读到这一本书才是第一次理解雾霾的危害。1949 年我在留美归来前我得知该作者在芝加哥 IIT 建筑学院执教，专程去拜访过他。

第二篇

从教纪要

第四章　教育生涯的起点

“高等学府”的震撼

1946 年 8 月，我仍在南京中央卫生实验院的时候，接到一封清华土木系教授王明之应林徽因之托代写给我的信，说清华就要开学，希望我赶紧到清华赴任，我即赶紧交代了南京经手的工程，匆匆北上。

北上的铁路因解放战争而中断，于是我与西南联大最后一批学生一起乘坐开滦煤矿运煤的船，从上海经由秦皇岛到北京，出了车站就到前门，过去从照片上看到的熟悉的景色就在眼前，好不兴奋。天已近傍晚，乘车经过宣武门，夕阳斜射在高耸城楼上，群鸦乱飞，古都风貌映入眼帘。我们就住在旧国会大厦（现在新华社的地方），在木地板上打地铺过了迷人的一晚。现在回想，多少年来仰慕的北京，今天身临其境，已属画境中人，兴奋不已，从此进入人生的新境界。第二天，我被学校接到清华住处，先住在气象台下日本人盖的“三十六所”（现在已经拆除），后来又把我安排到了工字厅。

建筑系的系馆在老水利馆的二楼，占用了几个房间，作教室、办公室、素描教室等，当时梁先生不在，系主任由土木系教授吴柳生代理，他和蔼可亲，第二天就带我去梁先生家见林徽因。这次看到林先生，比 1945

年在重庆聚兴村的时候健康有所恢复，精神特别好，兴致很高，见了我就谈了很多，问长问短，问中大怎么样，又问我中文怎么有这么好的底子。她也谈到营造学社，讲中国建筑，问我对系的建设有没有设想，说到梁先生在美国怎么样，梁先生为什么要办建筑系，等等。我记得当时桌子上摆了一个小古董，汉朝的陶猪，她让我欣赏陶猪的美，说我如能领会就说明我艺术欣赏水平过关了；她还随手拿了放在沙发两边刺绣的蓝布，那是云南少数民族的土特产，她跟我描述如何加了几针刺绣就变成了具有异乡特色的图案……她谈了很多，时间不知不觉就过去了，我也很有兴趣。我当天还见到他们的家人，儿子、女儿等。林先生跟我谈话好像是会到了久别的熟悉的朋友，处处体现着关切，她就是有这种魅力。

在吴柳生教授代理系主任其间，与校行政的联系均由他处理。至于教学活动的开展，他知道林徽因先生的个性，有她的主张，因此他不予过问，及至多方面渐熟悉，他更尊重林先生的主张，放开手，工作也顺利展开。我到清华就着手工作，很快进入轨道。开始的时候，清华建筑系馆空空如也，都要从头做起。课桌有现成的，素描教室要准备，画图板、绘画架子、石膏像要安排定做。有一位国立北平艺术专科学校名叫李宗津的教授，是梁先生聘任的在清华兼任的美术老师，他介绍我去美专专门定制了七个石膏像，让我去挑选，美专还特地送了我一个，所以一共八个石膏像。吴柳生先生陪伴我从东单的永兴纸行买了画架，美术教室就像样了。我又从图书馆调来一些与建筑相关的书，并从北京饭店的法文图书馆买了少许图书，成立了图书室。忙了一阵子，看着系有模有样了，都很高兴。系务管理方面，林先生请来了过去在营造学社工作过，后来在颐和园修理工程的老师傅，名纪玉堂，来建筑系任总务。课程方面，我根据梁先生的意见，安排学生练习、制图等，开了几门课，有古典建筑、建筑初步、阴影透视等。当时工学院代理院长陶葆楷，是市政工程专家，对于我在中央卫生实验院的经历很有兴趣，因为他与该单位很熟悉。他开一门课，讲《城市规划》，邀我一道授课，我也硬着头支讲一讲。教学秩序逐步建立，在同学对绘图有了一定训练后，就开始“设计初步”，做一个公园大门。那时候班上一共十六个人，我教他们，要让他们有自己的想法，我帮他们完善。由于我是初任教职，心中无底，就要事先杜撰，脑中存有十多个方案的思路才能应对。第一学期结束，我们拿着学生作业设计图给林先生评阅，有时金岳霖先生有兴趣也来参加，兴致很高地加以评论。后来，陶葆楷先生曾戏言:“吴良镛一来清华就是‘系主任’。”

第二年，原来营造学社的刘致平、莫宗江、罗哲文三位从上海赶回来，因为营造学社的图像资料等待运输船只，所以晚了些，到的时候已经是1947年4月，临近校庆了。学生有了作业，营造学社的图也运到了，校庆的时候正好能组织展览，刚刚半年多的建筑系已经从几间空房子变得挺丰富、挺像样子了，可以说琳琅满目，在清华园中别具特色。这次建筑系的展览吸引了不少人，美国教授温特（Winter）来看，林徽因先生闻讯也来看，同学把她抱到了二楼，她看了兴致高极了。展览引起广泛好评，也增加了全系二十多名师生的自信。

1947年校庆以后，因为营造学社有点余款，林先生同意刘致平、莫宗江、罗哲文和我做恭王府的调查，这在我的学术经历中是第一次按照“科班”做法从事古建筑调查：先确定需调查建筑物的平面，由此再绘制轴测、剖面，然后再是细部。这是我第一次随学社做调查，动手测绘，可惜这份测稿遗失了。

抗战胜利后，梁先生到美国，接受了耶鲁大学的客座教授之邀去讲学，获得普林斯顿名誉博士，接着又应外交部的要求作为联合国大厦国际设计委员会的中国代表，并参加普林斯顿大学主办的国际学术研讨会。当时的《时代建筑》(*Progressive Architecture*)杂志中还有一篇相关的报道，梁先生专门撕下来寄给林徽因先生看，林先生也拿给我看。会议之后，梁先生拜访名师和一些重要的学校。这一些经历，使梁先生从战争中比较闭塞的建筑环境，立刻进入到世界级建筑学大师行列中。

1947年7月，梁先生归国，当时我正在青岛看我母亲和我哥哥。我接到梁先生的信，立即赶回北京。1947年9月，清华开学，这时候的清华建筑系开始有梁先生坐镇，又陆续增添了几位教师。赵冬日推荐汪国瑜；胡允敬在重庆设计了"精神堡垒"(即今天的抗战胜利纪念碑)即来天津建设局工作，由于当时建设天津郊外内战工事，他希望离开天津来清华。朱畅中在本科毕业时曾获"中国营造学社桂辛奖学金"，梁先生对他留有印象，因此他毛遂自荐亦得以来到清华。梁先生明确我们几个年轻人的任务，我任系秘书，协助处理系一般事务。这时候林徽因患肾结核病，梁先生就忙着照顾林徽因做病肾切除手术。梁先生对系里的事情也不耽误，有条不紊。这是梁先生一生中又一个辉煌的时期，他同时开好几门课，建筑设计、中国建筑史、西方建筑史等，还经常做专题讲演，题材广泛，包括参与联合国大厦的设计的见闻，及有感而发的学术评论等。那时候梁先生、刘致平和我一起教设计，一个人带三四个学生。大家兴致很高，有空就画水彩。梁先生从美国带了些书回来，并亲自交给我看霍华德的《明日的田园城市》，嘱"你先看这本"。期间我们学习的激情特高，收获很大，特别是听梁先生的课和讲演时，有一种对专业的再学习、再领悟的感觉。

至今我还记得1947年的开学典礼，梁先生作了简短讲话，有两点，一是"住者有其房"，倡导一人一床，打倒马桶，改善卫生，提高居住质量；

二是“体形环境论”，说人所生活的不仅是一个房子，还有周边的环境，有体有形，可以说是体形环境（physical environment）。建筑师不能仅仅只是盖房子，还要让人们在美好的环境中生活（后来我学习战后建筑思想发展，领会到就在梁先生访美这段时期，西方建筑界住宅问题的思潮涌起）。这短短的几句话是经过深思熟虑的，成了以后建筑系的学术思想纲领。这期间他发表了很多精彩演讲，他曾经给我们讲联合国大厦设计的经过，非常生动，说大厦造型是“一个面包一个派”，他还接受了当时对“二战”进行反思的学术观念，认为“二战”前一个时期社会文化思想有偏向，发生“二战”的原因在于单单发展科学技术，人文没有跟得上。他引用当时某大学校长言，说这是**“半个人的世界”**，这是在同方部的一次讲演，题目是**“理工与人文”**，认为不能仅仅单纯地发展理工，发展技术，人文落后将会产生大问题。讲完之后大家犹如进入了一个新的思想境界，也引领了我对建筑的进一步理解。这篇文章后来写出来了，我曾在他的桌子上看到过已经整理成文的稿子——**《理工与人文：批判半个人的世界》**，应该说这是他一篇划时代的学术思想论文，可惜遗失，未能流传。而“体形环境”思想也或因处于解放战争的高潮中也未流传开，未见媒体发表。在美国，直到1960年代，在加州伯克利大学任当时的院长Richard Bender教授所用，以环境设计学院（The College of Environmental Design, CED）作为建筑系等的总称。

梁先生未归国前我被分配住在工字厅，原与外文系一讲师合住一间，因为这位先生正在谈恋爱，彼此非常不方便，林先生知道后说：“那好办，工字厅进门西边第一个院落有分配给金岳霖教授的一间单身宿舍，里面有为他准备拼凑的家具，你不如住在金先生的屋子里。”于是我就在工字厅的这间屋子住下了。庭院里面有一棵老榆树，覆盖了整个院子，下面还有一株海棠，每天早上醒来啄木鸟叩树的声音非常悦耳，朝阳斜射，更显庭院幽静，有人取笑我说一进清华就是教授待遇。

初到清华的这几年，好似人生的新开始，不仅是业务方面的再学习、再提升。除了听梁先生的中国建筑史、西方城市史及若干专题演讲外，我还系统地听了两个学期费孝通讲《乡村社会学》及《城市社会学》，还有陈达的《人口论》，政治方面也有新的感悟。1946 年“一二·九”，清华学生游行纪念闻一多，不少进步师生控诉时弊。当时住在工字厅，我住的院落斜对面的是生物系讲师，有名的植物分类学家吴征镒，他的公开身份是民盟盟员，实际上是地下党领导成员之一，是这些运动的核心组织者之一。那段时间，因教联会的活动，我跟他接触比较多，又亲历清华学生运动，对时局的关心多了，不像在中大的时候模糊了，政治上的道路也渐渐明确。我去美国没多久，吴征镒因为国民党开始通缉就去了解放区，1949 年北平解放前夕，他代表党组织回清华接收。新中国成立初期，他一度忙着各种组织工作，最后回到植物王国云南，在昆明中科院任植物研究所的所长，专心致志编撰《中华植物志》，1999 年我还去昆明拜访他。前些年他获得了“国家最高科学技术奖”。不久前他突然辞世，我很伤心，自责还是与他联系太少，我写了短联吊唁：

闻一多像（1946 年绘）

骋骛学运，明辨时局，忝为挚友；

翱翔物林，巨匠风范，奉为尊师。

这一时期，学生组织也异常活跃，建筑系的宋华沐设计与绘画很出色，我们非常谈得来，学生会出的纪念闻一多的小册子上的闻一多像就是他邀约我画的。我还被邀参与了当时阳光社“同舟共济”大幅宣传画作。我去美留学后梁先生在解放前夕给我写的唯一一封信中提到，“S（指宋华沐）到 M 去了（指去了解放区）。” 1950 年我回国后，知道他在人民大学任吴玉章的秘书（改名为钟涵）。吴玉章很爱才，推荐他赴美院学习，我们仍然为美术界的挚交。

来清华后，教授风采也给我留下了不可磨灭的印象，如朱自清，在我中学时代就读过他的《背影》与《荷塘月色》，如今亲见其人，特别是看到他为了支援学生运动和学生一道在舞台上跳秧歌的瘦弱的身影；又亲临其地，目见枝叶已经干枯的荷塘。林徽因的午后茶（afternoon tea），三两教授来到新林院梁家，进行并无主题的闲聊，张奚若批评时政，陈岱孙加几句评论，美学家邓以蛰（中国原子弹之父邓稼先的父亲）不时携一幅名画供欣赏，有时也闲谈名家近况，如谓陈寅恪某日上午与客人聊及土豆流传中国考，众人赞美他的博学，又听到胡适在睡觉时被天花板上掉下来的白灰打破脑袋等传闻。某次幸会林先生从东安市场购奶油栗子粉佐客。这种教授间的聚会在梁先生回国后仍有所继续。除此之外，教授的轶事与怪癖也引起我的兴趣，如金岳霖晚饭后即闭门在书房暗室中静坐，杜绝一切干扰进行思考。印象中他们大多风趣幽默，聊的主要涉及治学、文艺、政治等方面。

眼见建筑系的建设从零开始，走向欣欣向荣，再加上梁先生对我们的信任和期待，我工作非常愉快。学校许多讲演让我感觉进入了知识殿堂的门厅，可以登堂入室，我领会到这是我应该一辈子为之奋斗的地方，充满了创业的热爱和幸福。跟随梁先生到清华是我一生中一个最重要的转折点，有了教职，也让我很快从漂泊中安定下来，找到了一条道路，潜心于学术、教学和实践，而且开始就有一个我仰慕的学者引领着我，真感觉自己何其幸运、自豪。

匡溪艺术学院的学习与生活

1948 年 6 月的一天，梁先生在系里开完会找我谈话，拿了本小册子给我看，是美国匡溪艺术学院（Cranbrook Academy of Art）的介绍，他说在美国时一直想给我找一个地方进一步学习，发现到这个地方不错，是沙里宁（Eliel Saarinen，1873—1950）创办的，有建筑与城市设计专业。沙里宁是一位大师，梁先生说："你要跟他学习，要赶快，他已经是七八十的人了，迟了来不及了。"（梁先生这几句话不期说准了，在我完成匡溪艺术学院学习的最后阶段，沙里宁逝世了。）接着，梁先生给我写了介绍信，林先生看了介绍信还觉得写得不够，又改了一稿（很遗憾这封信当时没有留底），并介绍我到南京找时任外交部副部长的叶公超，帮我解决了护照等问题。在我临行前，梁先生还给了我一张 25 美金的支票，当时我内心感激不已，没想到梁先生对我考虑如此周到（这支票我一直未动用，作为前辈激励我的力量，归国后璧还）。7 月，我在清华的课程基本结束，我就向校长请了假，学校预支了一个月薪水，我赶到南京，经过一番周折后，乘坐海船去美国了。

梁先生为我办妥了去匡溪的事情，还为我申请了奖学金（梁先生的日记里面提到过这件事情，见王军著《城记》中线索），其实这个奖学金只够免去学费，到美国的生活费还需要自筹，幸得良铸哥的支持，家中还变卖了一些器物，得以成行。1948 年 9 月，我乘“戈登将军号”开始了赴美之行，从上海起航到日本，经过菲律宾、关岛，到旧金山停顿了几天，又沿着费瑟河（Feather River）一直到芝加哥。同行的还有我哥哥的一个同学汤琛。

沙里宁原籍芬兰，赫尔辛基的火车站是他的代表作，1922 年因参加《芝加哥论坛报》大楼国际竞赛，获第二名，可能是因为送达迟了，第一名已经选出，但是大家公认第二名比第一名好。美国名建筑师沙利文（Louis H. Sullivan）对该设计赞赏备至，他因此获得了世界声誉，名声大震。继之，他到了芝加哥，拟定芝加哥湖滨大道的规划，又到密歇根大学建筑学院任教。《底特律论坛报》主编、艺术事业赞助者乔治·布斯（George G. Booth）有筹建艺术学院的设想，就请了沙里宁来筹划，也就是后来的匡溪艺术学院。经过若干年的经营与逐步扩展，形成了匡溪艺术学院、博物馆、科学馆、匡溪中学、匡溪女子中学等多个建筑群，建筑大师赖特（Frank Lloyd Wright）还一度想介绍一个音乐家来办音乐学院，但筹划了一阵，由于

在美国匡溪艺术学院（1949 年）

种种原因没能实现。匡溪艺术学院的建筑群都围绕着布斯的地产，有大片树林，中央有一片湖水，湖中养了一只天鹅，为环境增添了意趣。布斯本人还有一栋住宅，也在湖边。我在匡溪就学时布斯已经不住在那里，住宅成了他家族移居美国的博物馆。整个学校是经过了几十年的经营逐步形成的，我到之前刚好在庆祝 25 周年纪念（1925—1950）。学校位于底特律城西北郊，临近森林，汽车城恶劣的环境和这里幽静的氛围形成了鲜明的对比。沙里宁还为底特律的发展做过贡献，曾经做过市中心规划方案，并公开展览，惜未实施。我在 1993 年重访该城的时候，盖起了两座其貌不扬的大楼作为中心了，更增添了城市外观的混乱。

匡溪艺术学院是一组完整的建筑群，有建筑系、雕塑系、设计系、纺织系、陶瓷系、金属工艺系、版画系等。在最初开办时，沙里宁想以北欧的一些艺术家作为艺术学派的核心，例如绘画系院长是匈牙利人，陶瓷系主任是芬兰人，都是北欧的艺术学派，有些地方风格。雕塑系的

匡溪野趣（1949 年绘）

匡溪艺术学院（1949 年绘）

系主任卡米勒斯（Carl Milles）是瑞典名雕塑家，罗丹的学生，和沙里宁同样享有盛名，他们各自住在一幢 U 形住宅中，各合抱着两个独立大庭园，面向主楼博物馆，远望视野舒畅。卡米勒斯后来不任教师，但作为驻校艺术家，还居住在那里，学校有他的雕塑工作室，三层楼高，有吊车，助手协助做前期工作。当时美国一些城市的雕塑有他的手笔，现在北京的雕塑公园有两件作品也是他的杰作。1950 年代中期这个工作室搬回瑞典，他也不在美国工作，在斯德哥尔摩海边另立米勒斯雕塑园（Milles Garden），他把在各地所做的雕塑都复制一遍，陈列于此，面向大海，雕塑一组一组成群，有喷泉配合，非常壮观。博物馆内安放的是他以创作所得购置的收藏品，有很多希腊、罗马的雕塑，里面还有一个庞贝出土的盘子。1955 年我参加国际建协第四次大会路过瑞典，参观的时候感觉非常震撼，也不禁回想起在匡溪时参加过在他家客厅举办的座谈会并参观他内容丰富的工作室的经历。现在回想起来，正是由于在匡溪造就的对雕塑的钟情，后来我才会与刘开渠、傅天仇、曾竹韶以及近年来的吴为山等雕塑家建立深厚的情谊。

匡溪艺术学院不是一般的学校，而是号召“有创造性的师生的工作室”，以各种艺术家、不同专业的人一起交流启发学生的原创力为教育宗旨，鼓励共同创作发扬各自的个性。学校里面一部分是固定的教师，一部分是客座，给学生讲课、评论，介绍自己的作品。来的人中包含了英国的阿伯克隆比（Abercrombie），1950 年得到美国建筑师协会（AIA）金奖的时候来过，他曾问我是否认识陈占祥。曾经跟梁先生一起参加联合国大厦设计的波兰代表诺维斯基（Matthew Nowicki）（后来主持印度的昌迪加尔新城规划，但赴开罗时中途飞机遇难，才由柯布西耶接任、建筑师赖特、建筑思想家富勒（Benminister Fuller）等也来过，这些不期而遇的大家开拓了我的视野，开始引起我对学术思想的兴趣。这些知名艺术家都拜访过沙里宁的工作室，有时候沙里宁让学生负责接待。我记得有一次让我接待一个挪威的艺术家柯思马和他的夫人，柯思马是一个建筑师，他的夫人是金属工艺家。接待过程中，柯思马反复嘱咐我好好向沙里宁学习，并一再指出沙里宁北欧文化的内涵和独特的设计意匠，对建筑细部处理的匠思和技巧都别有见解，一再嘱我从中领会，提高了我对建筑与城市设计艺术的欣赏能力。

1948 年 9 月抵匡溪后，有次我把水彩画作拿给沙翁看。他看到特别高兴，正值其女儿和女婿在匡溪博物馆办作品展览，他嘱咐专门另辟了一个展览室陈列我的水彩画，并自己选购了两张我的画，一直陈列在他的客厅。这样一来，我的画也变成全校皆知了。学院院长也看到了，说有一欣赏家要买我的画，挑选了一张，付了 50 美元，据说这是当时美国水彩画的最高价。一个展览会我的画就被选购了 10 多张。自己的作品

匡溪艺术学院

匡溪艺术学院入口雕塑 (Carl Milles 作)

在美国匡溪艺术学院布置毕业展览（1949 年）

几乎被置于最高的价格，除了使我增加了自信以外，确实还解决了经济问题。但是，现在回想起来可惜了。出国的时候程应铨借给我 100 美金，梁先生给了我 25 美金支票，原来还想在美国刷盘子维持生计，没想到画展所得足够维持半年的生活，学习更安心了。后来，我又办了两次个人画展，第二年暑假前一次，在克利夫兰（Cleveland）画廊，即将回国前一次，可惜后来匆匆回国，经手人后又病故，这批约 50 幅作品就此丧失了。

在沙里宁那里学习是工作室的方式，每届学生人数不超过 10 人，美国及外国学生各占一半。每个人有自己的题目，都要找到自己的方向和道路，一般读一年，也有两年的。我的题目是《中国城市之研究——以南京为例》（*Study of Chinese Cities: Nanjing as an Example*）。

沙里宁的教育哲学是“师生共同工作室”，不希望学生死读书。在匡溪每人有一个带窗子的开间，可以放四个特大绘图桌的工作面积，其中一个桌子放满图书。他认为我喜欢读书很好，但要会如何去思考（how to think），要讲求思考方法（method of thinking），后来我注意到他在谈话中每每从不同角度重申此观点，从我的学术人生回顾，终身受益。他还不止一次跟我讲，到美国来当然要学习西方的东西，但是中国的文化非常了不起，他自谦知之不多，一直强调我在追求现代化的同时，不要忘掉自己的文化，这个意思他反反复复用各种方式都说过。我在班上，包括画展之后受到的器重，也是因为我得自中国与西方“两种文化的启示”，得益于我原有的基础教育和在清华约两年半时间里受到梁先生等人的熏陶。工作室里各有特点，大家一起工作，相互启发，找寻自己成长的道路。

一年之后，我曾经萌生去其他学校再学习的念头，但后来放弃了，主要是觉得在匡溪比较熟悉，而且感觉好像自己模模糊糊找到了一点什么,后来就决定再逗留一年。第二年我又得到奖学金,定了新的研究题目，研究中国的住宅问题，还是研究南京。沙老有句名言：“**城市的改善和进一步发展显然应从解决居住环境的问题入手**。”后来我还在劳伦斯科技大学教设计初步课程，期间还参加了罗马奖金竞赛，题目是“第二次世界大战美军太平洋战争烈士墓地、纪念物与陵园”，位置在夏威夷檀香山的“Diamond Head”(钻石岭),原为一死火山口,基地中间低四周高，我与一位画家、一位雕塑家的合作设计，获得了1950年度罗马奖金荣誉奖。沙里宁看到我的作品,挺欣赏,推荐我到他父子合作的事务所去工作。

课程快结束的时候我就去了小沙里宁（Eero Saarinen，1910—1961年）的工作室。过去一年中已与小沙里宁有较多接触，现在亲自参与小沙里宁的工作室，收获非常大。当时工作室的行政主管是杨廷宝当年的同班同学，令我倍感亲切。我去的时候，正赶上小沙里宁事务所热火朝天地投入通用汽车公司科技研究中心项目，我从小沙里宁领受任务时，他的第一句话就是：“你是很幸运的，这是这项工程的最后一组项目，望好好设计。”从我开始参加到方案的初步通过，经过了两三个月的时间。这个房子设计比较复杂，要求挺有特点，通用汽车公司有四个牌号，每个牌号车身设计组之间是互相保密的，但是又要分别使用一些共同的加工车间和一个共同的展览厅，可以说是既有联系又要相互独立，包括运输路线不能相交叉。先逐步明确总体规划，将不同研究部门，各有一幢幢研究室与车间联结在一起的大楼形成的建筑群，共同围绕着一个大型长方形人工水池，水池一端有一水塔耸立于水中，但各组群建筑设计的风格仍在不断探索中。在 1946 年后，明显受到密斯的影响，力求在简洁的几何形体上追求统一与变化。墙面使用不同颜色釉面的琉璃砖，围绕中央水池、水塔，追求光影效果。小沙里宁在设计过程中重视邀请多方面专家参与设计，例如在水塔的设计中不但要求设计组成员设计多种方案，还邀请雕塑家参与，将水塔当作雕塑处理，我曾见到一共做了同比例尺的十几个水塔模型放满一屋进行比较。此外，小沙里宁在设计中非常重视细部：墙面、窗子、水池沿边铺地都绘出大量大样在现场实地分段做出样品（甚至同比例尺）进行研究比较。如果说早期的方案中还可以看到老沙里宁风格的影响，渐渐地小沙里宁的风格就凸显出来。

小沙里宁主持工程有一个特点，他所有的设计任务从最初想法到最后方案确定都是他来主持，工程设计组只有两三位设计师，多是经挑选的设计精英。我来小沙工作室能分配到设计组，作为他的助手之一，参与其中，增加了自信，这是非常好的学习机会，可以见到大师是如何工作的。他每天白天非常忙，要应付各种工程设计业务，接待各类客人，到了晚饭后才能坐下来安心看我的图，这时候他特别平静，心平气和没有一点急躁情绪，很认真地看我一天做了些什么。开始的时候很耐心地给我讲工作方法，让我把各个房间的互相关系找出来，用图解表现，形成组织关系图。然后就是找难点、独特的构思和可能布局方案，这组房子的设计要如何才能有所突破，有所创新，要找到关键点做文章，才会直接影响到未来的建筑形象。在事务所工作的时候我已经住在另外一个小镇，那小镇距离办公地点比较远，我每天要乘十一点半的最后一班车子回去，所以每天晚饭后，我就开始紧张工作，等着小沙看图，直到十一点半，赶最后一班车子回镇。第二天早上我再到工作室，总会看到桌子上更多的烟灰，还有铺好的图纸。他在多种草图和他比较看重的有发展前途的方案打上记号，比与我初讨论的时候又有更深入一步的结论，第二天接着再让我深入做。我在中大的建筑设计学习中，有一种“快速草图的制度”，即以一天或几天限定时间拟定某项目做方案，培养迅速思考的设计能力，在沙里宁这儿等于**天天做快速设计**。

在他这里工作的三个多月，我得益太大了。每次一开始，他总是耐心听取我的方案进展，对新的可能方案展开讨论。他工作非常认真，方案进展逻辑性很强，不断发展，最后做了五十多份图纸，展示各种方案的走向和过程，在探讨了非常多可能性后，明确每一种方案为什么被否定了，又如何进入另一种方案，最后给人信服的结论是：**合乎逻辑的确定方案只能有一种**，方案都做绝了。这个过程中我体会到了什么是原创，什么是逻辑思维和形象思维的结合，做出来的东西相当漂亮，并对进一步发展有所预想。设计和

在小沙里宁事务所（1950 年）

组织工作的过程使我颇有收获，使我领悟到大师是怎么工作的：方案的总体设计由他一人把握，但是关键之处都和助手平等探讨，时间紧迫的关键时刻他和设计组一起画图，他能两手左右开弓，画得很快。这段经历对我日后搞自己的工程非常有影响。1993 年，在芝加哥开国际建筑师协会（UIA）大会，我特作安排又去底特律通用汽车公司设计中心参观建成后的这栋房子，除了门厅楼梯跟我当时的设想不同，有了更奇特的思考外，其他基本还是原来的设计构思。我清楚地记得，那里的工作人员因为商业秘密不让我上楼，但在我向他们指出楼上的大致布局后，他们非常惊奇，我说："我就是当年设计这栋房子的建筑师之一！"这时候小沙里宁已经去世了，门外已经是夕阳西下，看到水池西部耀眼的水塔，各组建筑闪烁的各色琉璃墙面的场景，就仿佛回到若干年前的梦境一样。这又使我想起 1950 年，在我接到林先生要我回国的信时，面临重大的人生选择，小沙里宁得知后非常平静，他说：**"这取决于你未来的事业是放在东方还是放在西方。"**这句话对我一生的事业发展都有重要的影响。

在匡溪的另一个收获是同学之间的互相学习，以及跨艺术院系的影响。设计系过去的教师查理斯·伊姆斯独创了一种椅子，当时就叫"伊姆斯椅"（Eames' chair），在美国很驰名，我还去过他的工厂，胶装木料三合板，定型，加上金属棍支撑就成了。还有纺织系，他们做帷幕窗帘、地毯设计，纺织品、家具和帷幕结合得很好，共同创造一种境界。记得有一个同伴，印度的建筑师（Vanu Bulta），是在去美国的轮船上认识的，很有才，1948 年美国建筑评论杂志举办的"尚未发现的天才"竞赛，他没有花太多时间就得到荣誉奖，后来未读完就走了。1990 年代我去孟买曾拜访过他，并参观了他所设计的甘地墓，的确是一大杰作，但不明白他当时为何如此穷困潦倒。我佩服他的才能，推荐清华大学建筑学院的刊物《世界建筑》发表了他的名作“甘地墓设计”。还有一个美籍华人 William Eng，设计水平很高，在圣路易斯城的滨河纪念地竞赛设计中，小沙里宁设计的拱门名列第一，并最终建成，他荣获第二，为此他特来匡溪求教。

1949 年 5 月，我得到了学位，毕业论文要展览，还包括模型等。沙里宁给我写了评语：“**在他的工作中灌注了一种可以称之为中国现代性的精神，这精神，不仅来自于一般的人类发展，而且来自于中国实际生活的发展，一种新与旧的结合，基于中国自身的坚定不移的精神**”，这刊登在《底特律先锋论坛报》。1987 年我在爱尔兰竞选国际建协副主席，能够以超过半票数入选，或受益于上述一系列经历。

在美国的两年除了在匡溪学习之外，我还参观了美国不少地方，拜会了不少学者，开阔了眼界，受益也很大。我去过 MIT 并与《时间、空间与建筑》（*Space, Time and Architecture*）的作者 Giedion 晤面。那时他这本书的增订本出版，他开玩笑地对我说：“我只能写得更大，不能把他写得更好。”

我还拜访过赖特，我的高班同学周仪先是赖特的崇拜者，当时他和他的母亲都在塔里艾森－赖特的北设计基地，由于他的引荐，我得以拜访赖特。赖特身躯高大，满头银发，风度翩翩，他风趣地对我说：“你穿得太整齐了，这儿哪里都去不了啦！”（指处处是拆改的工地。）事实上有些地方室内室外不断在改动，建筑群都是从那宽阔的地段上蜿蜒长出来的。赖特的住处我当时并未参观，周仪先还带我去参观存放建筑模型及建筑方案图的地方。这些图案似曾相识，都垂直插在墙边。我还在哈佛见过格罗皮乌斯，他因正与学生评图，我只伫立一旁聆听，未敢多打扰，也未多做停留。

归国前，在路过旧金山时有两次非常重要的经历。一是参观了加州伯克莱分校，会到了几位知名教授。其中女建筑学家 C. 鲍尔（Catherine Bauer）是梁、林先生挚友，20 世纪四五十年代地区主义理论初显现，她带我去参观此理论的重要人物 Greene 兄弟所设计的住宅。二是我在旧金山见到园林专家 Thomas D. Church，他是后来《园林为市民服务》（*Gardens Are for People*）的作者。当时他正为沙里宁通用汽车公司实验楼建筑群做园林设计，把草地、树木变成图案，跟建筑群构图融汇一体。我去旧金山时他特意借视察工程之便，带着我去看他的工程项目，在旧金山海湾区转了一圈，我看了印象非常深刻，等于补上了一堂风景园林设计课。也就是因为这个经历，我 1950 年回国后，遇到汪菊渊，才能一拍即合，非常有激情地提倡园林设计艺术，创办园林专业。

1946 年在重庆时我知道美国的“河神”TVA 的规划建设者萨凡奇视察三峡方案的讨论，在美国期间我千方百计争取去 TVA 的参观。如果没有这个参观，后来 1990 年代就不会形成对当时三峡库区的种种见解，也就不会安排和指导研究生赵万民研究三峡课题。此外，我还参观了“二战”后美国盖的几个小区，当时是奉为典范，但是后来发展得并不好，1979 年凯文·林奇来中国做讲演时还曾说：“美国的新城建设统统失败了（complete failure）”，其中就包括我参观的几个小区。

“学莫便乎近其人”，我在美国的学习主要在匡溪，及后来沙里宁事务所。收获很大，1950 年 7 月的一个午觉后，沙翁突发心脏病，去世了。当晚原先预定的酒会临时被取消。当天傍晚我与一位老学长重新在校园转一圈，感到这美丽校园的建筑群，因斯人已逝，黯然失色，夕阳西下，挺拔的柱廊仿佛是沙翁的纪念碑。他的骨灰运回芬兰，埋在他的故居山

水库－在美国 TVA · FANTANA 水坝上以走笔画下游风景（1950 年绘）

崖下、依山面海的墓地，芬兰政府隆重地举行国葬，全国放假一日，发行纪念邮票，并将他的故居辟为博物馆，供人参观。多年之后，我曾借赴芬兰赫尔辛基之便前往他的故园及临海墓地凭吊，并作速写一幅。[1]

1　及至今日，他的学术地位似乎已逊于小沙里宁。我方得到一本评论小沙里宁的新书《塑造未来》（*Shaping the Future*），对他给予很高的评价。

芬兰赫尔辛基HIVITTRÄSK湖边的沙里宁墓(吴良镛绘)

沙里宁纪念邮票

紧急回到祖国

在美国留学期间，除家信及梁先生在清华解放前夕给我的一封信外，基本与国内失去联系，在学校只有我一个中国人，后来与在他校的留学生也失去联系，潜心蹲在象牙之塔中。但是有几件事促使我紧急回国。其一是朝鲜战争，讯息每日没完没了的广播，电影中附加着对朝鲜的狂轰乱炸；其二是梁先生和林先生要我回国。我收到一封是林徽因口授罗哲文代笔的，空白处有好多行歪歪斜斜的字，一看便知是林先生卧床亲笔加写的，大意是国内形势很好，百废待兴，赶紧回来参加新中国的工作，并嘱我去波士顿哈佛大学费慰梅处，将梁先生《图像中国建筑史》稿带回来等。催我回国是意料之中，我肯定要归国，但如此急，但又是意料之外，林先生这封信很重要，加紧了我回国的步伐。

回国经历了一个非常艰辛的过程。当时，香港已对归国人员封锁，不办过境签证。我从留美同学蔡梅雪那里得到讯息，知道当时哈佛大学有一个中国留美科协，我联系到了当时的负责人侯祥麟（后来他也回到祖国，并担任过石油工业部副部长、石油科学研究院院长），询问如何办理归国手续，并匆匆办理。

我乘坐邮轮克利夫兰号回国，同船的还有数学家华罗庚。另据闻，钱学森是在我们前一批，但是他在回国过程中被扣押了，传说被关在湾区的一个岛上，当时扣押的理由是他揣带有科技资料，因此我们当时也很紧张。令我感动的是，船快开时，沙里宁事务所的朋友将我当时绘制的图纸寄达，以做纪念。

克利夫兰号停靠在九龙，需要再转铁路。那时中国大陆护照已经不能去香港，仅允许我们登岸。下船之后，拎着自己尚可以手提的行李，在左右两排军警的押送下上火车。进入国境后，深圳服务员端来一碗放有一根香肠的热米饭款待，我顿时感到祖国的温暖之情。那时长期战乱的破坏随处可见，广州城破破烂烂，珠江大桥还横斜在珠江河道中间，让我深切地感受到了梁先生和林先生信中所言“百废待兴”的时代召唤。

最后，说一下《图像中国建筑史》的书稿失而复得的事。我按照林先生信中所托，自美回国前匆匆去了哈佛费慰梅处索要《图像中国建筑史》的书稿，费说稿子先留在我们这里，还想将其出版。当时中美的局势很紧张，我回国之后告知林先生，此事即暂且作罢。“文革”之后，一位研究梁思成的丹麦学者来拜访我，她计划和费合写梁思成传，提到了《图像中国建筑史》的书稿，她说：“这个书稿在你这儿，我们能不能借用？”我很惊讶，跟她说：“书在费慰梅那里，我没带回来。”她赶紧打电话给费，费也一下子急了，原来在 1950 年代，梁先生曾经向她要这部书稿，要她寄给一位在伦敦的 Ms. Lau（中文名叫刘惠珍），结果这位 Ms. Lau 并未交给梁先生，应当是将书稿私藏了。于是，费就请了一位私人侦探专门调查此事，最终查出 Ms. Lau 本人已在新加坡。我赶紧告诉林洙，让她写信去问，时隔半年，Ms. Lau 亲自将书稿交给了林洙，我也就再未过问了。在林先生身后近 30 年，在多方努力下，总算完成了她交给我的任务，慰死者于九泉之下。后来 MIT 出版社将此书出版，因为这其中的种种故事，邀请我写序，我认为我责无旁贷，应该把未经歪曲的梁思成介绍给西方。

第五章　建设新中国

阔别祖国两年，首先是学习，并得到祖国的多种欢迎，如曾被聘为中华民主青年联合会的代表，出席在中南海召开的第二届青年联合会，受到毛主席、周总理等中央领导同志的接见；听到了一些令人欣慰的报告，欣赏了令人耳目一新的各种文艺节目；结识了后来长期联系的新朋友，如吴阶平（1917—2011）大夫，我们开会时相邻而坐，他当时刚从朝鲜归来，在会上讲述了他在战地上完成的很多成功的手术。正是有了这初次的结识，我们建立了终身的友谊，他对周总理最后时刻的医治，在筹划毛主席纪念堂时对遗体的处理意见以及对我的家人包括我自己的健康问题给予的关心，都让我铭记于心。总之，我只能用四个字表达回国后的心情，就是“**心花怒放**”，怀着这样的心情，积极投入到新的工作之中。

辉煌的营建系时代

留在国内的清华教师告诉我，阔别两年的祖国，有两个阶段，一是等待解放，二是迎接建国洪流。在等待解放期间，梁先生曾写给我一封信（此信可惜已遗失），当时梁先生曾计划与建筑系几位老师翻译刘易斯·芒福德的《城市文化》一书，由梁先生口授，但是只粗粗进行了一阵就停顿了。

在新中国成立之初（1949—1952），梁先生将建筑工程系更名为营建系，在全系教师努力下取得了国徽设计的成就。1951 年初我自美回国，第一次踏进营建系时，就看到国徽模型被白布系着悬挂在当时位于水利馆楼上的专业教室里，上写着**“中华人民共和国国徽：本系设计”**，令人感到非常振奋和自豪。当我看到参与国徽设计的集体照片时，被照片中每个教师喜气洋洋、意气风发的精神所感动。听说当年介绍工艺美术家高庄给梁先生时还有一个故事当时的介绍人说：“这个人很有水平，就是脾气耿直，不好合作。”梁先生说：**“只要他有本领，我可以让他三分。”**正是有这可贵的“让他三分”，高庄在原设计的基础上将国徽模型加工塑造成造型饱满、棱角劲拔的大国风范的标志。

梁先生一直积极迎接解放，当时解放军某位同志就北京城的文物保护问题访问梁，可以说是关键时期、关键问题上促进了衔接，于是梁先

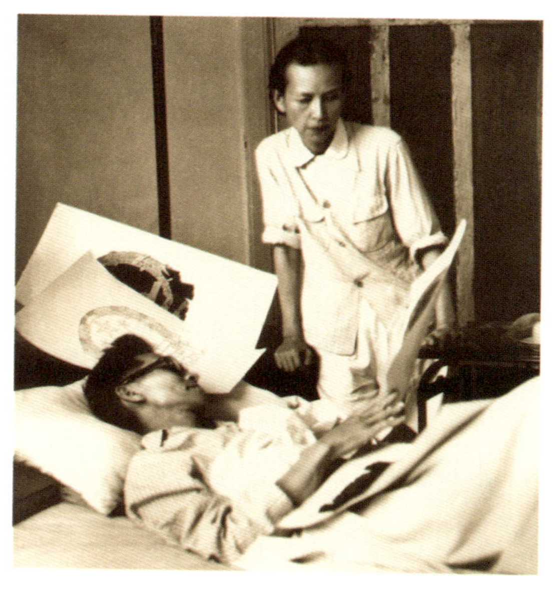

病床上的梁思成先生与林徽因先生讨论国徽设计方案

生带领建筑系几位青年教师朱畅中、汪国瑜、胡允敬，加上由沈从文介绍的、从上海来不久的程应铨（曾被合称为“四路野战军”），开始积极开展“进城”的准备工作，包括迎接新政协、改建怀仁堂（我曾见朱畅中绘制的图纸）、协助整修中南海内建筑。当时，傅作义手下一个大员余心清接管中南海事务，在有关建筑与建设的问题上请教梁先生，还曾经讨论如何改建紫光阁。及至我回国，中南海的相关建设还在找梁先生，周卜颐与我也曾随同前往。此外，梁先生曾利用自己的人脉，协助邀请江南、华南的建筑师来北京工作（其中包括童寯教授，给童先生的信稿见《梁思成全集》），并邀请京沪一带的青年建筑师来北京工作，有些初来的人曾暂住在清华园工字厅内，后来成立由范离（1904—1996）主任主持的“中央直属机关修建处”，才迁到西郊。

梁先生还与陈占祥先生合作，谋划北京城市发展，提出“西郊新市区规划”，也就是后来所说的“梁陈方案”。当时，朱兆雪、赵冬日提

国徽设计组成员与国徽设计过程中的各种国徽设计方案图案合影

出沿北京长安街发展，苏联建筑专家巴兰尼科夫提出以北京旧城为基础发展。

回国之后有几件事印象很深，其中之一便是清华文物馆，由梁思成、邓以蛰、王逊等主持管理，当时清华尚可动用“庚子赔款”，而市面上有大量文物贱卖，就趁此机会搜罗文物，加以陈列、收藏。我从美国归来就在生物馆顶层的陈列室看到这些展品。回国后不久，常书鸿在午门城楼上开了一个敦煌的展览会，给我留下极深的印象。此外，特别值得一提的是林先生对工艺美术的提倡。当时工艺美术（当时称为“特种工艺”）外销受阻，行业凋敝。在此情况下，林先生与工艺品公司发现景泰蓝样式陈旧，市场不振，勇敢地希望在景泰蓝设计上能有所突破，与刚从美国归国的常沙娜（乃父向梁、林先生推荐其来清华工作），携清华莫宗江先生及来清华工作的钱美华一起进行研究，改善传统景泰蓝造型设计，作出了不少精品，令人耳目一新。清华营建系也借此扩充工艺美术组。1953 年第一届全国文联大会，美协会上江丰同志在报告中对这方面的成绩曾予以充分肯定。这一段时期清华几乎成为工艺美术的推动者，文物馆王逊和我一度也投入筹备赴东欧举行的工艺美术展，研究中国传统家具的陈设等。在这些活动中不能忘怀林徽因先生从中推动的激情。

盘，常沙娜设计（林徽因指导并参与的景泰蓝设计）

梁陈方案后的折中构想

1951 年初，我参加工作不长时间，通过与各方面的接触，了解到由于苏联专家巴兰尼科夫等的作用，事实上“梁陈方案”已遭中央的否定，但从无明确的宣告或正式的文件下达，梁致周总理的信等也未作复。

我曾和梁先生谈：“据我了解，西郊行政区方案已经没有什么希望了，是否可以退而求其次，作一折中方案，即在天安门附近原六部一带安排一些中央人民政府建筑象征国家中心，在西郊玉渊潭一带建新行政办公区，仍作为各部门建筑的主体部分，以减弱旧城内作为行政中心的部分功能和旧城的负担。”梁先生无可奈何地说：“（西郊行政中心）大概没有什么希望了，就这样试试看。”

当时我负责清华建筑系市镇组，就和程应铨先生一起，指导市镇组 5 位学生做起来[1]，一方面邀请了不少行政和技术负责人：曹言行（原建设局局长、市政工程局局长）、陈明昭（副局长，教授）、王明之（建设局长）、林治远（建设局总工程师）、陈达（人口学家）、翁独健（历史学家，教育局长），北大的侯仁之、林超教授以及北京大学工学院李颂琛教授等为我们做讲演；另一方面从基础资料收集起，开始对北京市总体规划方案进行初步探讨，并在大家的共同努力下完成了北京市总体规划的研究方案设想。该方案的主要出发点，是企图寻找一个与“旧城为中心”的决策不相矛盾，并吸收“另立西郊行政中心”的新方案。当时作这番努力的中心思想，就是希望将两个对立的观点加以折中。回忆起来，规划布局是这样的：旧城天安门广场附近（即在旧六部的基地上）作为中央行政中心和历史文化中心，西郊为行政办公地区用地，西北郊为文教区，

1 参加者为李道增、王兆拓、何瑞华等 5 位同学。

东郊北部为使馆区，南部为工业用地。具体说来，在旧城天安门广场附近建设象征性的行政中心,即在广场两侧有限度地布置一些政府建筑（后来在都委会展出的人民英雄纪念碑模型，就曾在天安门广场两侧处放置了政府建筑群，接近当时这个设想，这一模型照片也许还能找到）；大量政府的业务性建筑在西郊发展，以分担中央政府的部分职能；旧城的功能以行政（部分）、文化、娱乐、观光性质为主,充分保持其发展活力（并不是后来常遭非议的所谓“博物馆城”）；东郊部分为使馆地区及工业区等；西北郊为文教区，因为当时已有清华、燕京等学校，并有规划中的中国科学院等，当时有很大的发展空间；道路系统并非完全设计成以旧城为中心的环形放射形式，而是以新旧区并联的环形道路系统为主，也有某些对外放射交通线。

上述工作是在当时有限的技术资料条件下进行的，但综合了前述各位专家的设想，最后完成的设想总图还绘制在有等高线的石膏模型上，显示出京城四周的山川形势，北京市行政部门包括当时的都市计划委员会等给予了支持。

在 1951 年 5 月清华大学校庆时，这个方案曾公开展出，梁思成先生当时同意了这一设想，并邀请了北京市人民政府秘书长薛子正同志来参观（薛当时负责北京市规划建设，后为北京市副市长，一直主管城市建设），他对此表示赞赏，细致地询问了一些技术性问题，并以兴奋的心情嘱咐继续往下做。因为事实上，“梁陈方案”被搁置后，并没有其他思路供讨论。可惜，随后由于政治运动接连不断（接下来就是“知识分子思想改造”运动），后续工作因此搁置，已经完成的方案未及写成文字报告,规划仍停留在概念上,并没有深入下去,更谈不上实施依据了。

1952 年院系调整，系馆搬家，曾将模型连同许多文献档案都存放在清华学堂木楼梯下的储藏间。可惜的是，在“文革”期间系馆向主楼搬迁时，包括由办公室谢月芬整理得井井有条的建筑系院系调整后的一切文件档案，在我无从过问、无可奈何的情况下被丢掉了。

现在回顾，折中方案未能继续下去是件可惜的事。当时城市规划的决策层对规划工作太陌生了，未拿它当做一件重要大事。其实如果当时对城市问题深入讨论，还是可以有多种思路出现的。折中方案的理念是可行的，如果当时的决策**不是以旧城为中心对“梁陈方案”一锤定音，而是采取学术讨论的方式，就可以接受这类理念并加以发展**。并且，如果**深入下去，其他具体方案的产生也还有多种可能性**。是在西部新区发展，还是以旧城为中心，这是首要前提。如果拿一个完整的旧城当中心，它就不能不发展，旧城要保护，但是又找不到如何保护的真办法、真举措，必然会导致拆毁，或者是逐步的拆毁。而在西部地区发展的方式也是多种多样的，轴线是其中一种办法，后来的“四部一会”的规划（“四部”指第一机械工业部、第二机械工业部、重工业部和财政部，“一会”指国家计划委员会，设计主持人是张开济）也是一种办法，这是因为西郊这片地区日复一日地在发展，这是现实的合乎逻辑的发展。可惜因为该项目第一期是由高岗主持的，“高岗事件”发生后，已完成的“一部”就废置了，后来该地块剩余部分就发展成了无序的状态，并且因为所谓的“梁思成复古主义批判”,最后的那三个大院和中央高楼也未让盖出来，连已经建成的一组楼的角楼也未盖完全，当时的苏联专家批判说：“就算是犯错误，让它错误犯到底吗？”（指完整地将它盖起来）一个庞大的建筑群本有可能形成，但当时的决策人、社会，甚至包括建筑界，缺乏“城市设计”的整体概念，令人惋惜。

人民英雄纪念碑

在中华人民共和国成立前，政治协商会议即通过建设人民英雄纪念碑之议，于开国大典前夕举行奠基礼，并举办了全国设计竞赛，梁思成先生的设计方案被采用。1951年初我从美归国后在建筑系馆看到由莫宗江先生绘制的一张水彩渲染图，画得很好，比例、细部推敲比较细致，留下了深刻的印象。此后，梁先生邀我参加设计委员会，在一些关键时刻（如由薛子正副市长召开的讨论会议）我和莫宗江都参加了，兹将所记忆的有关情况记述如下。

虽然设计竞赛已经定案，但是在1951年初（我随梁先生参加）的一次设计工作会上仍旧是众说纷纭，雕刻家与建筑家在设计上有很大的分歧。梁先生阐明，纪念碑的设计主题是碑，而碑的主旨是以文字纪事，故以毛主席题字“人民英雄永垂不朽”八字及政协祭文为主；雕塑家则主张以英雄塑像为题，或在基部或在碑顶。发言措辞之尖锐程度令我吃惊，会议无结果而散，这是我第一次参加这类会。听说讨论行政中心规划问题时，也有过这类交锋。当时刘开渠先生在杭州任副市长，后来调至北京，与梁同任副主任委员，当时梁病倒后就由刘处理具体修建事务。关于纪念碑还出现过一段插曲，即在1951年国庆时，天安门广场上突现一座一比五的大比例尺模型，底下一个红墙台座，有三个门洞，台上立碑，作为新方案，供群众参观投票。我对其背景至今也不清楚，也未加以打听。梁先生见后，很是着急，特意亲自用圆珠笔复写了一封信给彭真市长，详细阐述了人民英雄纪念碑的设计意图[1]，并对广场上的新方案表示反对。这说明即使是方案已经评定，也仍然对设计方案有不同意见，可能在决

1　致彭真信[M]// 梁思成全集（第五卷）. 北京：中国建筑工业出版社，2001: 127–130.

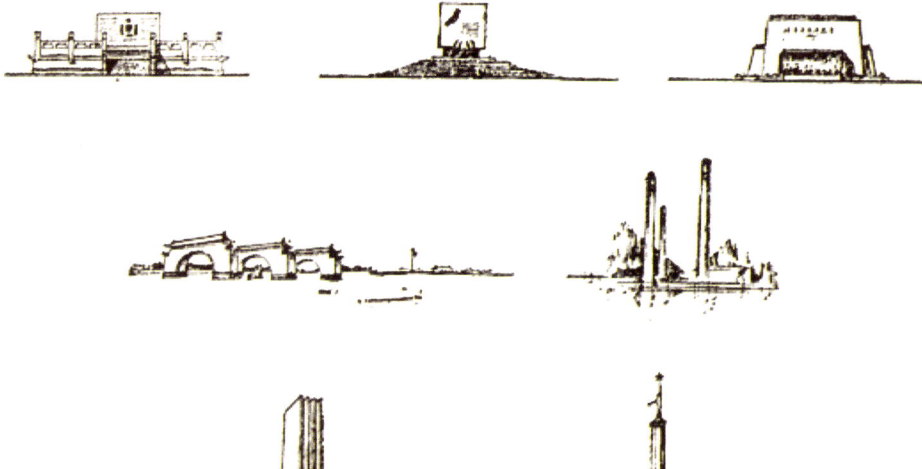

初步探讨的人民英雄纪念碑方案

陈列在天安门广场的设计方案模型
（如果按此方案建设，天安门广场周围建筑将如何处理？）

策层意见也不尽一致。后来经过一段时间，再次确定使用梁先生的方案。

经过审慎讨论，最终人民纪念碑决定采用八面浮雕，以纪录百年来中华民族抵制帝国主义侵略及人民胜利的历史。题材内容由范文澜选定，并请了一些画家拟稿，郑振铎曾在某会上批评这些画稿创作的艺术水平，后来陆续有所改进。后中央决定，雕塑内容只纪录历史事件，不指明某个人，如焚烧鸦片场景中不把林则徐显现出来，当时的主旨是人民群众创造历史，免去一些具体的麻烦，后来经过“文革”，更说明当时决策正确。

纪念碑题字，原计划毛主席所书“人民英雄永垂不朽”八个字是按一般规矩面南而立，巨大的碑心石已经从青岛崂山运来，就放在碑南。后来决定以天安门广场北面碑身为正面，又花极大的力气从南运至北，因1958年改建前的天安门广场空间并不大。碑南面为周恩来总理书，由于他在京事多不能专心，特去北戴河专心致志书写，共写了两遍，后来原墨迹不知所终。

关于碑顶设计问题，当时亦有分歧，梁原意采取北海“琼岛春荫”宝顶体裁，有人反对，以其太古老，一直未定。此后梁先生一度有病住院，工程一直由刘开渠主持，顶部由刘决定，因此明眼人如细心可以看出细部的手法、线脚装饰（特别是两边旗帜图案），与下半部很不一样！这一碑顶在1958年5月揭幕后，颇有议论，在1959年初由吴晗副市长主持的国庆工程审查时，特意将专家留下一天，提供碑顶改建方案，因终无满意之图纸作罢。

纪念碑的设计方案虽已选定，但仍在不断地推敲改进，在我印象中重要的有若干次变动。例如，1951年初，郑振铎同志来见梁思成，告知“纪念碑”原设想可以登至上部瞭望，或大会时可在基座平台上发表演说，并拟在台内设瞻仰室，后经中央研究决定取消，郑解说这些设计时我在场。我认为这些决定是对的,这样不仅使纪念碑功能单一,设计简化，效果亦可提高。郑振铎先生曾多次到梁先生家，共同讨论设计方案的改动和建设中的难题，可惜后来郑先生因公率文化代表团出国，遭空难逝世，梁先生失去了一位共同议事的挚友。

纪念碑设计建造，是新中国第一项大的纪念性建筑，各方面意见不一也很自然，但若是与早期参赛各方案对比，最终方案还是最杰出的，是“耐看”的。

纪念碑的建筑细部也经过精细的处理，并博采众长，可谓有古有今，有中有西。台座顺应中轴线，东西短，南北长，继承了中国传统台基的惯用手法。碑身在三分之一处略有收分，使得纪念碑更挺拔、有力，这是吸收西方古典柱式的做法。在纪念碑的纹样设计上，还有些设计者希望要新颖,林徽因先生则主张图案要“丰满”有力,认为这样显得有精神，这是从中国传统继承而来的雕塑纹样的特色，林先生为花纹图案设计投入了很大的精力，尽管她的草图未被完全采用，但仍然起到重要的作用，后来她墓碑上的一块浮雕即取材于自己一幅未被采用的设计。林先生高超的艺术造诣很大程度上得益于她多年来在古建筑调研中的积淀，这是一般艺术家不具备的。

雕塑创作在纪念碑设计中占有重要的地位。雕塑的内容经由范文澜先生领导的小组认真推敲，并由中央审定。八个题材的雕塑是由八位精选出来的雕塑家来完成的，他们都是老一代的有声望的雕塑家。其中包括王临乙先生（早在 1943 年我在大学读书时，就在重庆磁器口一间雕塑工作室参观过他创作的“大禹治水”）；刘开渠先生负责最长的一段，即“胜利渡长江”。其他还有曾竹韶、王丙召、傅天仇、滑田友、萧传玖、张松鹤等。曾老兼为雕塑、音乐大家，德高望重，2012 年辞世，长寿 104 岁。当时在天安门广场专门盖了一座临时工棚，作为雕塑家工作室，早期创作见解的分歧已成过去，大家共同进入理性的思维，互相观摩讨论，在风格上取得协调。在创作过程中，除了借鉴西方纪念碑的典范，还结队赴西安、洛阳龙门石窟等地参观鉴赏中国古代的雕刻遗产，并将一些雕刻精品复制下来，观摩学习，现藏于清华大学建筑学院的“昭陵四骏”复本，便是那时得来的。雕塑的实际镌刻，有赖于相当数量的“艺匠”去完成，这类人才难得，最后遴选出一位新中国成立前在北京琉璃厂做假古董的高手，由他授徒培养，那时做了一些放置在台上的毛主席像作为练习，梁先生家还获赠了一座，这批“艺匠”后来成为北京雕塑工厂的骨干。

值得一提的是，在纪念碑建设过程中，梁先生病了，就由我和莫宗江先生代表他参加薛子正秘书长召开的不定时的工作会议。一两次会后，莫先生对会议内容不感兴趣就不再去，就由我代表参会。当时纪念碑的修建管理由吴华庆主持，建筑师阮志大负责建筑设计。最初，我的主要任务是和雕塑家联系，讨论一些与建筑设计有关的细则，不时去参观他们的创作，增长了我对雕塑艺术的修养，同时我也与雕塑家建立了深厚的友谊，终身受益。“文革”后刘开渠先生邀请我参加城市雕塑委员会，渊源于此。

此外，我还要特别缅怀该项目的卓越领导人薛子正同志。人民英雄纪念碑兴建委员会由彭真担任主任，但主要的工作是在薛子正（当时为北京市政府秘书长，后任北京市副市长、中央统战部副部长）的领导下一一具体落实的。如前所述，建筑家与雕塑家一时意见不同，薛子正特意将时任杭州市副市长的刘开渠调来，未再开大会，而是遇到问题开小规模的洽商会来讨论解决，具体交换意见、推进工作，在一些重要的细部处理上他还曾邀请其他专家参与意见（如曾专门邀请杨廷宝先生来京讨论）。他作为领导非常认真，处事也很得体，既广泛吸收意见，又不乏个人的果断决策。薛子正是我回国后接触到的第一位领导干部，他对于作为年轻学人的我非常爱护，我至今感念。薛子正为人爽直，在一些具体问题上与梁先生难免见解不一，进行辩论，但是他非常精心地、可以说无微不至地照顾梁先生，建立了深厚的友谊。“文革”初，梁先生几乎已经失去了自由，一个晚上他专门去找薛子正，向他说：“彭真被划为黑帮，我想不通。”薛子正非常着急，劝梁先生：“这都什么时候了，你什么都不要说，什么人都不要找，赶紧回去。”第二天，薛自已也失去了自由。“文革”后期，薛子正被释，杨廷宝、陈占祥和我都曾分别去探望过他。革命友谊之深，实根源于对共同的事业的赤诚。

人民英雄纪念碑是新中国成立之初难得的精品，事隔多年，细细品味，气壮山河的时代巨浪，都凝聚在史诗般的建筑里，气象万千，今日思之仍激动不已，其中所蕴含的创作精神，形式与内容的统一，值得我们今天继承发扬。有人批评这个纪念碑太程式化，碑顶的处理不当也一并受到批评，但这是因为后继者缺乏创意（如井冈山碑），而不能责备第一个方案的设计者。

1958 年 5 月，经历了众多波折的纪念碑，在精雕细刻下终于完成了。新中国第一丰碑气势恢宏。从一开始石料的选择即非常精心认真，当时全国各地选送的石样放在一个屋子里，经过清华大学材料实验室的耐酸试验，并以石块的质地、色泽等为标准，最终选择山东青岛崂山的花岗岩石为最佳。到最后，绿地的布置也从北京山区一一选定最粗壮的翠柏，从北京四面八方运来天安门广场。在人民英雄纪念碑建成后，从中华门进入这一片绿林是天安门广场最美丽宜人的地方，从清晨朝阳初起到日暮之前，多少人在此流连。可惜，1970年后期修毛主席纪念堂时匆忙被毁。在今天空旷的天安门广场上，正缺少这样供各地来首都观光的人民群众休憩驻足的地方。

纪念碑的建设，从政治协商会前夕开始，一直到1958年5月劳动节落成并举行游行。梁思成被邀登上天安门城楼，当清华游行队伍经过时，他在城口上举起他的手杖，向游行队伍致意，这是在1955年建筑思想批判之后，也可能是他最后一次登上天安门城楼。

创办新中国第一个造园组

1950年，梁思成将建筑系改称为“营建系”，概括了他对学科发展的整体思路。[1] 在我回国的1951年上半年，“梁陈方案”事实上被否定，侯仁之、我及程应铨被聘为北京市都市计划委员会顾问，每周开一次会，一般做情况报告，或由某人就某专题作发言，仅及一般的议论而已。1950年代中期建设局长曹言行（延安的革命干部，清华土木系毕业）与梁先生意见不一致，梁上书，曹被调任市政工程局局长，建设局由清华大学土木系教授王明之、许家祺负责。当时各种建设需要日增，而总体规划原则迄未能定。为了应付这一被动局面，建设局成立了三个委员会，即总图委员会、交通委员会、园林委员会。这三个委员会在当时都比较活跃，吸收了当时北京市各方专家代表，我同时被三个委员会邀请参加，并协助系统筹办，赴各地调研，如曾约裴文中（1904—1982）先生带领大家去周口店、小西山等地考察。其中园林委员会的专家除了我，还有

1　清华大学营建学系（现称建筑工程学系）学制及学程计划草案[N]. 文汇报，1949-7-10.

当时北京农业大学（今中国农业大学的前身）的汪菊渊、植物学家俞德俊等，大家都感到园林对于城市发展太重要，认为应当办这个专业培养专门人才。一次会后，我和汪菊渊一拍即合，决定共同促成北京农业大学和清华大学合办一个园林专业。

后来我们分头努力，各向两校领导建议。清华由梁思成向校委员会叶企孙提出，也就弄成了。汪菊渊回到农大，仅几天时间就与学校谈成。第一届学生是让农学院园艺系三年级学生志愿报名，最后一共十个学生（后留下八位），作为借读生进入在清华营建系成立的“园林组”。汪菊渊也搬到清华，在清华工字厅的一个小房间工作，常工作到深夜。农学院除汪菊渊教授外，还来了陈有民老师。清华给这新成立的“造园组”专门配备了老师（如刘致平、莫宗江、朱自煊、李宗津等），还专门编写教材。大家都很认真备课，一直到院系调整以后第一班园林组的毕业生在清华借读毕业。

新中国成立之初，汪菊渊先生在园艺学方面已有成就，他最初在金陵大学教书，后来又在北京农业大学任教，因接触到城市建设，曾任北京市园林局局长，深感风景园林的重要性，转而专心从事风景园林。他的哥哥汪菊潜时任交通部副部长，是武汉长江大桥的总工程师，对于弟弟转向风景园林似乎不太理解，在某次会上席间闲聊时和我说起此事，认为他好像有点心血来潮。但汪先生一直专心致志，热心园林教育事业，他后来并不专门在教学岗位，仍能克服种种困难推进专业教育的发展，研究中国园林史，他积累多年撰写的《中国古典园林史》身后最终出版，他还培养学生，从事各种活动，做出了很大贡献，是一个了不起的人物，令人崇敬。2013 年是汪菊渊先生诞辰一百周年，我在此特别对他表示怀念和敬意。今天普遍承认汪先生是中国园林专业之开拓者，有谁知道他

汪菊渊与吴良镛合影

身不在学术岗位，曾长时期被排斥，但是他始终追求学术，推进风景园林领域的发展，他的贡献也得到了认可，被评为中国工程院院士。

我是另外一个情况。我在中央大学听过农学院庭园学的课程，后来到美国匡溪学习又参观过哈佛大学的设计学院，也从城市史中知道上个世纪初美国城市美化运动、国家公园、州立公园运动对人居环境发挥的巨大作用。留学期间，我参观了芝加哥湖滨园林带、波士顿、旧金山湾区风景区，还专门考察美国田纳西州 TVA 区域规划与新城发展，这些零碎感知加深了我对专业的理解，只是当时中国正处在抗美援朝，人民同仇敌忾，我不便渲染美国在这方面的成就及我的经历。

现在想起来，“造园组”的初创也不是偶然，有我与汪先生各自认识的背景，是和社会发展要求以及个人专业修养联系在一起的。同时在新中国建设初期，我们都抱着一种对年轻共和国未来的憧憬，内心的热情推动了创举。这里且不去纠缠过程中的曲折，这个专业后来在农大、林大一直办了下去，第一届“造园组”的毕业生也都已经在不同的岗位上积极推动了事业的发展，做出了应有贡献。

顺便说明的是，既然园林组在清华创办，举办过一届农大借读班，而在院系调整后的建筑系体制内已确定了以汪菊渊先生为首的园林教研组，为什么后来又迁回农大了呢？这中间遇到了曲折，即当时的高教部高教司发现苏联的园林教育是在林业大学，而当时我们却放在建筑系内，在将学苏奉为圭臬的新中国成立初期，深怕背离大方向，于是教育部副部长韦悫、农大校长孙晓村、清华大学教务长钱伟长以及汪先生和我同赴教育部开会，进入会议实质性讨论时，几位部门的主持人墨守苏联的“大方向”，草作决定，我屈从上述决定，事后深为自责，汪先生持一己的见解，这是他的可贵之处。这个专业回归农大，清华派教师赴农大授课。后来我数度希望清华建筑系（学院）能恢复建立园林专业，“文革”之后，我继梁思成担任系主任，举措之一就是希望重建园林系，并费了大力将朱钧珍从建筑科学院调回来，可惜重建园林专业一事未获得全系理解，直到 2003 年秦佑国院长在任时才喜获成功。

北大、清华的校园建设

1951 年，我被派往江西进贤县参与土地改革，被任命为某队小组长。1952 年初被提前调回。当时，清华大学、北京大学扩大规模，燕京大学撤销，北京大学迁燕京大学旧址，成立北大、清华、燕京“三校建委会”，筹备建校事宜。由于建筑公司因“三反五反”运动已告停顿，就由清华、北大建筑系师生负责设计，除校一级领导机构外，清华由张维教授，北大由张龙翔教授主持，我担任总图组组长。

在工作伊始，我认识到在茫茫大发展中要有规划，要做好城市设计，其关键是要在新建的建筑群中建立秩序，把握基本的空间骨架。以北大为例，当时已确定新北大校址由北大工学院定在原燕京大学校园东部发展，规划设计的任务首先要拟定向东部发展的主要入口，主体建筑物（如图书馆、主要教学楼等）的位置，建筑群骨架、院落的布局等。为此我特走访北京市都委会，与樊树培划定朝东大道的红线（即今天的成府路），在此基础上再拟校内的通向海淀镇的南大道和南入口。这两个轴线的确定在当时是非常难能可贵的，如果没有这些轴线的组织作用，北京大学的校园空间是混乱的。当时这一带地形现状有很多冲沟，于是大力平整土地。在建筑形式上则沿用了老燕京三合院的模式，形成了井然有序的面貌。

清华当时因为学校的发展要盖新房子，旧有的空间不足，因而要向东发展。1952 年 12 月到任的蒋南翔校长非常有魄力，他到清华后就亲自抓建校，确定学校要跨过铁路线向东发展，促成了铁路的搬迁，他还希望清华建像莫斯科大学那样的主楼。当时我和汪国瑜一起找轴线，在东西向配楼相距 100 米处建主楼，并以主楼为中心，形成一条南通长安街的轴线（后来叫做清华南路）。当时为了决定这个方案，蒋南翔把北京市第二书记刘仁也请来了，确定了这个布局，现在回顾当时，如果铁路未搬迁，后来城市快速发展，市委的权力再大也无能为力。事后我进行反思，认识到规划实践把握好时机是第一关键。

北大和清华校园建设的经验说明了城市设计的重要性，相反中科院建设时本有很好的机遇，在林志群等同志的组织下搞了竞赛，清华、南工等高校均有参加，中科院副院长吴有训出席规划会议，确定了规划方案并加以总结，这一方案有很好的规划骨架与轴线，还与中关村大街相连，可惜科学院管理部门未能坚持，第一期建就乱了，失去了时机，事后也难于收拾。

北大和清华的校园规划是我回国之后参与的第一个规划设计的实践，虽然着墨不多，但是两条轴线的确定从现在来看也是令人满意的，这启发我在开辟一个新区时一定要有宏观战略布局，与城市发展同步拟定综合的城市设计，并与建筑设计相配合，将重要建筑物的位置确定，力促实施，才能逐渐形成有机秩序。

附带说明的是，北大的校园建设是在张龙翔教授直接指导下进行的，对北大建校自行部署，不为众议所左右。他对整个工作甚为满意，在工作行将结束前，他在临湖轩（原燕京大学司徒雷登办公地）约请马寅初校长、周培源副校长、侯仁之等一起午餐，席间马寅初一言未发，其他几位教授交谈我也无从插言。我回忆起在 1942 年作为重庆大学商学院院长的马寅初的著名演讲，今日能与这位可敬的老人有共席之缘，深感荣幸。

院系调整后的新起点

1952 年，根据教育部的统一规定，全国高校进行了院系调整，清华营建系再次改名为建筑系。燕京大学撤销，原北京大学工学院建筑工程系与清华合并，调来赵正之、戴志昂、张守仪、王炜钰、刘鸿滨等同志来清华任教，建筑系规模迅速扩大，梁思成先生任系主任，我完全未料到被任命为副主任。这期间工作开展得颇为曲折，但是仍旧有很多有意义的事，至今清晰地记忆在我的心中。

首先，成立教研组，并进行人员组织的安排。当时学习苏联，成立教研组，包括建筑设计、城市规划、建筑历史与理论、建筑构造、园林、美术等，各司其职，各有不同的成长。中央方针是学习苏联，先后有三位苏联专家来系，第一位是阿舍甫可夫，是苏联科学院通讯院士，后两位是建筑构造技术专家伊里绰夫和城市规划专家阿凡钦柯。他们态度诚恳，对我们这个年轻的系的成长发挥了积极作用。第一位专家讲课时蒋南翔校长曾来听讲。伊里绰夫的到来使系的实验设施建设有很大推动，后在马大猷教授的帮助下，持续推动建筑声学研究的发展。东欧的城市专家，如波兰的彼得·萨伦巴，曾援助朝鲜规划建设，后来到中国讲学，推广小城镇的规划，直接影响老一班的城市规划教学，因此学生们这一套基本功要扎实一些。萨伦巴教授精通苏联、西欧的规划理论，后曾多次来中国演讲，开讲习班，使中国规划界在学苏后另辟蹊径，直到“文革”后他还到过中国，中国政府还为他颁发了友谊勋章。前不久波兰大使馆来函称波兰开会纪念萨氏，我还专程致信祝贺。

当时，北大、清华两个学系负责人的学术思想不同，需要磨合彼此之间的差异。实现教师队伍的融合与青年教师的培养，党组织与系行政着实为此花了一番心思，教师逐渐凝聚成为一个学术整体，师资力量与水平进一步得到壮大。加上苏联专家的帮助，得一大批青年教师能兼得较为扎实的基本功教育和“联系实际的工程训练”，逐步成为系里教学科研及各项工作的骨干。

其次，教学体系与制度的探索与建立。院系调整后，教学体制按照苏联模式，最初将建筑译为建筑艺术，后接受我的意见改称建筑学，由于教学计划不适应亟待修订，教育部遂于1953年委托清华建筑系召开修订教学计划的会议。当时梁思成与杨廷宝先生正在参加中国科学院第一次科学发展规划会议，在清华召开的会议就由我主持。清华副教务长陈士骅代表学校致辞，参加的单位是“老七校”，即清华、同济冯纪忠、南京工学院（后改为东南大学）童寯、天大徐中、华南陈伯齐、东北工学院彭埜（后迁至西安，现为西安建筑科技大学）、重庆叶仲玑等，都是德高望重的老师辈、学长辈的学者。各人学术背景不一，有留美的、留德的、留法的、留日的，等等，发言讨论很热烈。童寯老先生重点谈了建筑教育体系的发展沿革，冯纪忠先生着重就如何培养建筑学人的创造能力进行了讨论——到底是“先放后收”，还是“先收后放”，还以“花瓶”为比喻，“收”指实际条件的约束，“放”指艺术创造想象力的发挥。这是建筑教育中比较根本性的问题，新中国成立初期即得以在此难得的盛会中加以展开。这次会议的种种讨论，至今仍时时引起我的回忆和深思:闻一多先生曾认为诗歌创作是“带着镣铐跳舞”，建筑创作也是一样，既要强化学术基础，打好基本功，又要注重理论结合实际，加强逻辑思维、形象思维能力的发展。我曾告知城建总局万里同志有此会议，他特赶赴清华宴请与会成员，交谈甚欢，可惜此次会议的珍贵记录在“文革”中散佚了，但参与会议的诸前辈侃侃而谈的风采至今心影犹存。

自 1947 年梁先生归国以来，清华建筑系实际上已经沿着梁先生在建系之前就已筹划的营建系方向发展，林徽因先生自然积极地参与这一切。然而，1952 年院系调整，清华营建系遵从教育部统一部署再次改名为建筑系。在梁思成教育思想指导下的“营建系”时代一去不复返，活泼的建筑思潮、自由发挥的时代结束了，院系调整及随后的学苏是截然不同的体系，把一切都吹散了。其中得失是太大的问题，我也难以置喙。院系调整后节奏实在太紧，并且以施工专业出身的苏联专家萨多维奇作为清华校长顾问，以学苏为纲，全校布置好的项目一一贯彻，这一套体系和梁林先生宽松的学术环境似乎是两码事。在这种情况下，林徽因先生哭了，这标志着与中国近代传统体系的断裂，我能理解她内心的苦痛。

建筑思想批判

在新中国成立初期，梁思成先生一直在力图寻找新的建筑方向。

1940年毛泽东在《新民主主义论》中指出："中国的长期封建社会中，创造了灿烂的古代文化。清理古代文化的发展过程，剔除其封建性的糟粕，吸收其民主性的精华，是发展民族新文化提高民族自信心的必要条件；但是决不能无批判地兼收并蓄。"这种新文化，梁学习后理解就是"民族的形式，新民主主义的内容"。新民主主义的文化纲领是"民族的、科学的、大众的文化"。这些思想当时给人以启发。

1953年2月至5月，梁思成随"中国科学院访苏代表团"对苏联进行访问。当时在斯大林逝世前所倡导的"社会主义、现实主义"的思想的引导下，苏联的建筑和城市呈现出一种古典复兴的倾向。梁先生既赞赏莫斯科等城市的整体性，又对其建筑设计的机械化、单一化不以为然。这一阶段梁先生先提倡建筑的"民族化",又热衷于中西古典主义的"部件"对换，提出"翻译论"。

这一阶段，梁先生积极组织成立中国建筑学会。当时主持领导建筑设计工作的是建筑工程部副部长周荣鑫，他很尊重梁先生，在中国建筑学会成立大会上除由梁先生作主旨报告外，并请汪季琦做一平行的报告，强调党的建筑方针。随后进行理事长选举，周荣鑫任理事长，梁思成、杨廷宝任副理事长，汪季琦与我任正、副秘书长。杨廷宝先生在建筑实践上取得中外建筑界尊重的成就，加强了建筑学会的领导班子，是众望所归。

1955年，建筑工程部正式开始提出"梁思成思想批判"，刘秀峰部长在阜成门宾馆开"设计施工大会"指出："梁思成，人是要团结的，学术思想是反动的。"我听了极为震惊,随之而来的是风起云涌的批判运动。批判的声浪越来越大："反马克思主义"，后来其间还混杂着个人恩怨等"算旧账"，给新中国成立之初的建筑界带来的混乱，等等。另就我所知，在颐和园西北畅观堂还组织了一个班子"研究"这个"批判"。在批判后期，毛泽东也发现问题，指出：梁的情况不同于“二胡”（胡适、胡风），不要形成“二梁”（指梁思成、梁漱溟）（这只是听到传达，上述引语为大意）。最后，梁思成也在政协会上作了简短的检讨，大意一是违背党的领导，二是造成浪费。此事就算了结了，由前述“畅观堂”曾经组织的十篇批判文章也一律不再发表了。

在批判声中，清华建筑系四面楚歌，我的日子也很不好过，要应付对北京市、建工部、教育部、文化部等的检讨。在大批判的形势下，建筑师都缩手缩脚，无所适从，张镈曾很风趣但很有代表性地说：“批判这个主义、那个主义，弄得我下笔没有主意了。”

1955 年，批判梁思成学术思想是一个错误。那场声势浩大的批判运动对梁、林心怀赤诚的推动建筑事业，探索新中国建筑学术道路实际上是一种摧残，不敢说话了。

回忆起来，作为中国建筑学会理事长的周荣鑫，处理这次大讨论非常稳重，在建筑学会的某次会议中他邀请周扬讲话，以正视听，周扬指责那种乱扣反马克思主义帽子的现象，就我记忆所及，他说：“马克思主义哲学中美学最不成熟，以此来批判反马列主义，说服不了人”，反会越说越乱，又说“不要算旧账，旧账无从算起”，这些话很令人信服。周荣鑫后来离开建工部，调往浙江大学任校长，有公务来北京时，总要来看望梁先生或顺便就是一次便饭聊天，提供一些信息。梁先生每每约我参加，和他相处不感到是陌生的干部，而是亲切的师长。

1955 年，国际建协在海牙召开第四届世界建筑师大会，当时的国际建协秘书长瓦格（Pierre Vago）是华揽洪的朋友，因为在梁先生的倡导下中国建筑学会已经成立，通过华先生的联系和引介中国建筑师组成了 7 人的代表团前往海牙参会。杨廷宝任团长，我是代表团的秘书。当时，

1955年中国建筑代表团访问莫斯科

新中国刚刚成立，各个学术领域尚未得到国际的承认，中国建筑学会可以说是第一个获得国际承认并参与到国际学术活动中去的学术团体，这件事对提高新中国的国际地位具有重要的意义。周恩来总理、陈毅副总理都非常重视此事，出发前陈毅还在中南海接见了代表团成员。就是在这次会上，中国的建筑师被介绍到国际组织，当时担任团长的杨廷宝先生后来就被选为国际建协副主席；同时，我们也与国外建筑师尤其是东欧的建筑师有了交流的机会，中国建筑学会的国际活动可以说就是从此才开始的。我也是趁此机会去了位于瑞典斯德哥尔摩海边的“Carl Milles雕塑花园”。

1956年初召开全国基本建设会议，薄一波主持，郑振铎代表文化部作文物保护的报告，中国建筑学会梁思成、杨廷宝、汪季琦和我都应邀参加（副理事长：梁思成、杨廷宝，正、副秘书长：汪季琦，吴良镛）。我在小组会上说：**“在建筑思想批判中建筑院校被批判脱离实际，既然**

医学院可以有附属医院，建筑系是否可以有建筑设计院。”会议的组织领导者重视这一建议，为了扩大影响，请杨廷宝教授在大会宣讲。面对突如其来的任务，杨先生准备不足，嘱我为他彻夜写发言稿，后来这篇文章就以杨先生署名，在建筑学会和东南大学发表。1959 年清华大学成立土木建筑设计院，可以说是对这一建议的实施。

林徽因的最后日子

1950 年我自美回国后，我看到林徽因先生精神焕发，比起我出国前，她的生活内容丰富多了。林先生偶尔参加一些北京市或政务院的活动，参加会议、听报告、看演出和展览等，每次回来总要议论一番，她见到什么人，听了什么，她的体会。如果参加了晚会，还会有她对艺术的批评等，例如色彩的搭配、花纹造型之类，颇多分析评论。这一时期，可以说林先生将仅有的精力全部投入了专业活动，发表了一些重要意见。1953 年 8 月 28 日，北京市政府召开由吴晗副市长主持的北京文物保护会议，会上林先生作了内容深刻而全面的发言，认为：保护文物和新建筑是统一的，保护是为了继承优秀传统，保护不仅针对宫殿、庙宇，还要包括一些民居和店面，要进行整体保护，要做好调查研究等。可惜这仅是会议的摘要，如能全文整理出来，当是很好的文献。当时林先生和梁先生在一道致力于北京城墙的保护，据我所知她曾就此事与北京市某领导争论道：**“你们把真古董拆了，将来要懊悔的，即使把它恢复起来，充其量也只是假古董。”**回顾林先生的话真是不幸而言中。她对传统城市与建筑的保护不遗余力，例如：她在 1951 年曾指导研究生王其明、茹竞华对清华附近的蓝旗营进行调查与保护研究（现在成为研究清末“包衣三旗”的珍贵文献）。除了参与一般工作会议外，林先生还参加人民英雄纪念碑装饰纹样设计和临时送来的设计任务（如任弼时墓设计）等，付出了最大的努力。

学术思想方面，时代在发展，梁林的学术思想也在变化，在解放以后，爱国主义教育，学习《新民主主义论》“民族的、科学的、大众的文化”，“社会主义内容，民族的形式”以及学苏“社会主义现实主义”等口号下，他们像所有的爱国知识分子一样，努力学习马列主义，并尽可能理论结合实际。现在看来，在这种历史的转折时期，对建筑有不同理解、不同议论是必然的，但当时可能有关方面很不以为然，显然至少并不全然同意梁先生的观点，而就在此时，梁林就越发努力发表自己的学术观点。他们努力写文章，如在《新观察》发表的《北京都市计划无比的杰作》等就是在此时写就的；同时，梁先生为了加强中国建筑历史修养教育，还为建筑系师生开设了讲座，林先生加上莫宗江协助认真备课，梁先生讲课时，林先生还特别来，坐在后排听讲。讲课时，社会背景部分，大量引用了范文澜的《中国通史》，梁先生本人像中国其他一切爱国知识分子一样，希望运用马列主义观点指导研究学习。渐渐地，报纸、杂志不时透露出批判的文章来，想梁林不可能不从其他的渠道听到或感觉到什么，他们自然日益感到压力。1954年冬，他们双双病倒了，本来每年秋凉季节转换，林先生总要病倒。这年，薛子正秘书长特别专程在城内修整了一套四合院，装上暖气，让林先生住（地点我已忘了，据说林逝世后让给傅作义住了）。一个大四合院，空荡荡，只有林先生躺在后排一间大屋内，大概没有什么人知道她住在这个地方。我去探望她，她并不和我谈她的病情，而是问了许多关于建筑思想和理论的问题，她明显地感到困惑与彷徨，似乎已疲惫不堪，失去原先的锐气了。我劝她别去多想，养好病再说，但她怎会不去多想呢？这时，梁先生已经住在同仁医院。

1955年，建工部召开设计施工会议，批判建筑中的复古主义、形式主义，这次的大会非同寻常，会议在国际饭店举行，参与者普遍感到无比的压力，我亦如此。而梁就住在一街之隔的同仁医院的楼上高干病房里，会议中我去医院看梁先生，他说你到隔壁病房看看，我正不解，一进去，原来林先生也躺在那儿，她看我去笑了，“**你看我们这对难夫难妇。**”这次见面，例外地未谈业务，她好像还爽朗，但我的心情却很沉重，包括街对面的宾馆内的建筑批判会更不能对她提起，可未想到竟是最后一次见到她。1955年4月1日林先生病逝于同仁医院。后来听梁先生告诉我，北京的名中医施今墨大夫去会诊，指出大部分的肺部都坏了，她后来也拒绝服药。追悼会在贤良寺举行，这是解放初期我随梁先生、郑振铎一同去察看过而保护下来的一座旧庙。参加追悼会的有她的生前好友和建筑系的同事，悼词是钱端升教授作的，赞扬她：**毕生献给中国建筑学术事业，疾病影响她的工作，但从未使她停止工作，直到生命最后一息。**

林先生走了，当我看到家中那张林先生送我的红木画桌和陈师曾的印谱时，常常不免触景生情。红木桌是梁家要从新林院八号搬到胜因院时，林先生差人将这桌子送来给我，因为她知道我喜欢篆刻，还专门送我“陈师曾印谱”。

林先生去世，梁先生住院至身体有所恢复，便被安排到颐和园谐趣园一侧小住一段时间，重新拿起水彩笔，在一个专用的小图板上画了一两张水彩，回到家里平静下来后，以难言的伤感开始亲手为她设计墓地，被批准将一幅她为人民英雄纪念碑设计的纹样石刻浮雕稿安放在墓碑前。并从林先生的“诗囊”将她随感而发的小诗一一用他工整的字体重抄一遍，可惜这份珍贵抄稿在“文革”中被毁，否则我们在今天当可读到可贵的《新

林徽因先生墓上为人民英雄纪念碑设计的浮雕稿被陈列在这里

月续集》。

林先生走了，我感到对梁而言失去了一位学术伴侣和帮手，一位帮助他运筹帷幄的人。林先生有一种对新鲜事物的敏感，她有独到的见解和战斗进取的风格。她可以将梁先生的重要文章改得面目全非，直到她改不动了，梁先生再重新收拾，这往往使得文章字里行间洋溢着豪情。

我与林先生在1945年底于重庆聚兴村第一次晤面，到1955年同仁医院的最后一面，总共仅10年，这是她生命的最后十年，也是颇为辉煌的十年。严格地说，这十年她躺在床上把一个系从无到有地办起来；以充满热情与抖擞的精神参加新中国的一些重要工作为她的学术思想和见解奋力工作直到最后离去，可惜这些并不十分为人所知。

国庆十大工程与上海建筑风格座谈会

为迎接1959年的国庆十周年大庆，1958年底政府提出十大国庆工程的目标，包括：人大会堂、历史博物馆、大剧院、科技馆、中国美术馆、铁路东站以及人大常委宴会厅等。学校设计院等设计单位，一方面欢欣鼓舞，努力以赴，清华建筑系的全体师生以极大的热情参与了国家一批重点项目的建设工程，像人民大会堂、中国革命历史博物馆、中国美术馆、国家大剧院、中国科技馆的初步方案设计等，在方案初期确实起到了一定的推动作用。另一方面，可能受1955年建筑思想批判余波所及，设计人员缩手缩脚，对十大工程的创作不敢放开。梁思成对当时人民大会堂形式发表意见，将建筑形式分为西而古、西而新、中而古、中而新等四类，认为当以中而新为上乘，对此建筑界一些头面人物反应也不一致。

清华当时在建筑设计方面战线过长，摊子铺得过大，一经深入，矛盾暴露，过不了关，不断被否定，这是决策上的失误。参与人民大会堂工作中，清华建筑技术教研组初在马大猷的指导下，开始进入声学研究领域，张昌龄、车世光、徐亚英等确有贡献，清华声学实验室相继完成，在建筑声学、理论实验设备技术的领域另觅天地，对学科的成长也有所建树。

在方案设计上设计人员缩手缩脚，在建筑理论上则莫衷一是，于是建工部刘秀峰部长约请全国设计单位，1959年5月18日—6月4日在上海召开“住宅建筑标准及建筑艺术问题座谈会”，全国各地知名建筑师以及各校教授均被邀参与，梁思成、汪坦及我均被邀，大家积极踊跃发言，我与汪坦作联合发言（由我执笔“关于建筑的艺术问题的几点意见”），刘秀峰白天听发言，夜晚写总结稿。梁最后一位发言，题目为“‘从适用、经济、在可能条件下注意美观’谈到传统与革新”。最后是刘秀峰的总结“创造中国的社会主义建筑的新风格”，由此为建筑发展树立了一个理论主题，建筑界纷纷为文相应。会议开得很成功，几乎所有老中建筑师都出席了，并且畅所欲言。会议最后一天晚饭后，梁先生把我叫到他房间，和我商讨他的发言。我说，大大小小的见解似都有论述了，梁先生宜宏观地说说您的见解。第二天，梁先生泰然自若地拿出他昨晚用圆珠笔写就的工整的发言稿。“适用、经济、在可能条件下讲究美观”的新见，言简意赅，听者为之折服，不愧为大家。后来《红旗》杂志希望梁先生形成一论文，梁先生曾认真书写，终以激情已过，未能终稿。

刘秀峰部长白天在会上听发言，晚上在另一宾馆写主旨报告，有一个小写作班子（其中有王文克、汪季琦等）为其服务，如果发现问题就请个别学者问询，我亦被找去过。最后成稿“创造社会主义新风格”得到与会者的赞扬。

就我个人参与该座谈会所感，该会激起建筑界理论的热情。后来，令我不能理解的是，过了几年，又兴起关于“风格”问题的再批判，引起建筑理论新的混乱，实在令人难以理解。刘秀峰后来钻进中国建筑历史研究中，他请刘敦桢来北京开了一个月的会议，这也就是刘敦桢著《中国建筑史》八稿的来由。梁思成自始至终认真投入讨论，最后他也写了篇序言，放在中国建筑研究院他办公室的抽屉中，一直未拿出来，事后发现，我就将它收入《梁思成全集》中。中国古代建筑史定稿后，刘秀峰即离开他耕耘多年的建筑战线。

建筑艺术风格座谈会结束后，开展天安门广场的规划，十大建筑继续推进，这一时期对原有规划的重要改动有3条：一、人民大会堂、宴会厅、人大常委会最初规划是分散的，后来加以合并，作为一个整体；二、将广场扩大成东西50米；三、将人民英雄纪念碑的位置南移，正对绒线胡同东部路口。到一定阶段的时候，周总理对规划设计还是不太放心，组织了两个设计审查委员会，结构方面是茅以升任组长，建筑方面是梁思成、杨廷宝任组长，会同一些本领域知名专家，对方案整体重点审查、讨论。例如，当时对宴会厅结构体系基础的做法有不同的学术见解，

（就我记忆所及，是大连工学院的钱令希指出结构有问题），便组织开了一个约两周的会。

在建筑设计方面议论更多，且富有成就。值得一提的是，因人民大会堂万人大厅空间太大，天花顶棚处与墙面交接线脚一直处理不好，周总理提出能否用“落霞与孤鹜齐飞，秋水共长天一色”的“水天一色”的意境（大意），后来建筑师果然悟出，将墙面与天顶以弧形相交，连成一片，上层为满天星斗，空间效果很好。人民大会堂的建筑师张镈曾问总理：“不知有没有体会总理的意图？”总理说：“让你们创造嘛！什么体会不体会总理意图！”

我记得人民大会堂即将完成的时候，周总理约了梁思成随他去看，周总理表示满意，并说他一直担心盖不成，一个是工程上不过关，一个是经济上没条件，因此在项目不断删减，支撑到现在，现在总算放心了。

保定规划

在城市建设方面，1958 年建工部在青岛召开的城市规划会议，刘秀峰部长号召要在全国推行“快速规划”。我们相应跟着形势与河北省建设厅联系，教师赵炳时、吴焕加、陈保荣和我分别带领一组学生在保定、石家庄、承德、邯郸、邢台、宣化等地试做快速规划，我因为来往北京较为方便，选择参与保定规划，另由朱自煊带一大队去山西进行规划。

保定在历史和地理上都具有重要的地位，自古即是“畿辅通衢之地”，是直隶总督署所在地，也一度是河北省的省会，而且地下水资源丰富，是一个有发展前途的城市。在我们开展规划工作时，保定旧城尚完整繁荣，是居民的主要集中地。与此同时，京广铁路西部已经发展了一些大型工业企业，如印钞厂等。城市西部山区不仅地势险要，而且文

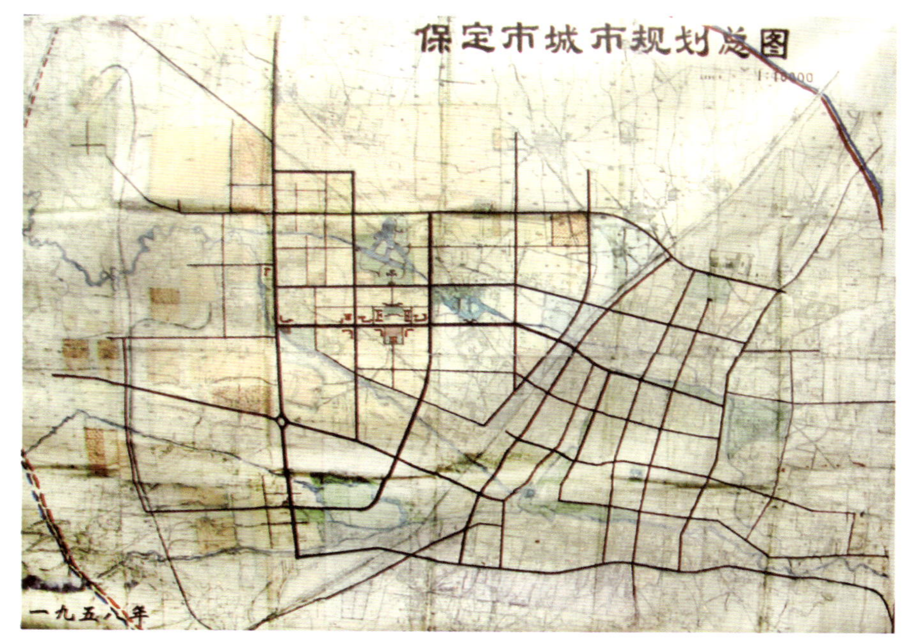

1958 年绘制的保定市城市规划图

化资源深厚，有狼牙山五壮士的故事，也有紫荆关等自古以来的雄关险隘。规划工作的任务之一是把旧城与跨过铁路即将发展的新区联系为一个整体。

保定工作是“大跃进”时代的产物。我参与过当时当地的“深翻土地”，据说这样产量可以翻番，也参观河北省安国县药材集散中心平整土地建设“十里大道万亩田”等。回忆保定工作特别令人怀念的是保定市长郝铁民，他为中央一系列指引所鼓舞，和我谈到主席文章推荐读康有为的《大同书》，已近深夜还到我们规划小组来，和我们畅谈他对保定规划的设想，并希望我们要把规划写成文本，因为如果市长换了人，也好继续得到实施。面对当时“大跃进”的形势，他感叹地说：“把几亿人民都忙起来，这是了不得的大时代。”但是，他是一个很有智慧的领导者，当时在“大跃进”的形势下，常有“亩产万斤”的“卫星”，郝市长就说："我不相信万斤，你想一万斤红薯堆在一起体积该有多大，还有没有土了？"他这一类的发自独立思考的话颇给人启发，但可能后来挨批了。

保定规划的成绩还要归结于我们的团队。我当时带领着清华的五位同学一起工作，分别是吴光祖、郑光中、吴宗德、韩琪、邹燕，对全区进行分析，对道路、绿地等都深入设计，对旧城保护、新区发展开展了全面规划。规划的方案也在不断的调整中，开始新区的道路网是斜向的，后来尊重当地的意见改为正南正北，最终的结果还是比较好的，东西城有机联结，有广场、有新中心、有绿带，空间有序、疏密有致，形成了一个比较深入而实际的规划方案，并且对旧城的大慈阁、南大街、直隶公署、一亩泉等特色保护非常关心。

如果要对保定的工作进行自我评定，在我数十年的学术人生中，除北京外，参与了不少地方的规划，有的建议可能得到了一定的采纳，有些局部地段，如深圳中心区建筑群等的设想基本上也得以实现，但一个中等城市的规划能够得以较完整付诸实践的，唯有保定，这一经验值得好好总结。但是可惜的是，当我正在对保定专区继续深入调研时，被仓促召回学校，整份资料由于涉及保密，按照规定存放在资料室，拟回校后再觅时间继续做下去，可惜这份文件在"文革"中被勒令处理，我非常心痛。

当时保定的工作之所以能付诸实施，既有郝市长亲自指导，当地的技术人员，如雍嘉晰（后任河北省建设委员会副主任）、李松欣（后任保定规划局长）等也密切配合参与，此后我与他们一直保持友谊往来。当时我在市政府的小食堂和市里的领导干部等一起吃饭，吃饭时往往交流各方面信息，因此，我对保定的各方面情况都大体熟悉，工作充满了感情。正是由于这些良好的协同合作，规划思想得到了认同，即便是在嗣后的十年动乱中竟也得到了后续干部的一定的实施。“文革”之后我再访保定，有幸见到郝市长，他显得憔悴，已失去了当年的锐气，我猜想他在“文革”必然受到冲击。此后，我总想再去保定，重申旧谊，可惜不久他就去世了。我数次去保定都得到了热情的接待，与后任市长如田福庭等也多有交往，商讨工作。

保定规划的贡献在于，在“大跃进”的时代有这么一群人，在当时的思想鼓舞下，理智地把当时的规划设想落实在图纸上。这本是基于那个时代充满激情的构思，竟然被实现了。

“大跃进”与人民公社运动

1958 年全国“大跃进”，接着搞农村人民公社化运动。在“鼓足干劲，力争上游，多快好省地建设社会主义”的旗帜下，全国要超英赶美，提出要炼多少吨钢，农业增产多少公斤粮食，“一天等于二十年”，农村要人民公社化，要消灭家庭，农村拆除家庭厨房，办公共食堂，粮食多到“吃饭不要钱”，等等。在当时即给社会带来很大的困惑，对于规划工作者更是如此。这样一个“闹剧”虽然逐步得到了纠正（在报上见到陈毅副总理对“消灭家庭”的纠正说明），但积极从事建筑和城市规划学术的探索者免不了受到负面影响。

徐水县有个书记提出“搞农村人民公社，提前实现共产主义”这一新颖的口号，毛主席、刘少奇等部分国家领导人先后去视察，很快就火起来。在这样的形势下，有一阵全国各个建筑院校几乎无一例外地大搞人民公社规划，徐水县商庄人民公社在某一新华社下放蹲点干部的鼓动下要搞“共产主义新农村”，确定在徐水大寺各庄做人民公社化试点。基于我们在保定工作的基础（按规矩未瞎来），就将任务交给我们做。学校各级负责人一趟一趟地来，说学校除了在城市以十大建筑做出样板，还要在农村选一个点，做一个样板，让六亿人民的居住发展有个方向，闲居已久的梁思成先生也被动员来了徐水几天，一道做设计，回去后便被批准入党。农村如何进行建设？盖的过程中教师队伍中渐渐有很大的分歧，根据当时农村实际的物质和技术条件只能盖单层房，但县领导干部想要实现流传的居住理想：“楼上楼下电灯电话”。在清华某些领导的支持下，建筑系一部分师生就选大寺各庄这个点干起来。建平房不过瘾，一定要建楼房。没有木材就用附近白洋淀盛产的芦苇，用细铅丝捆扎成串，拼成楼板，没有自来水管就用玻璃管代替。就这样不仅盖二层，还要盖三层，刚性差，走起来有点摇晃。当时施工也很困难，没有脚手架，就把当地住户的门板拆下来做脚手板，时已近寒冬，家家户户不得不把床单当作门帘挡风。面对这种很不切实际的做法，也有不同的看法，有同志反对（如朱自煊等），后来遭批判，我虽然是副系主任，

徐水工地速写（1958 年绘）

事实上无法参加这里的决策，就被调回学校搞教学。事情被弄得沸沸扬扬，周总理某次特作安排，途经徐水视察这所谓的“新农房建设”，甫下车后，一连串问了许多问题：为什么没有厨房？为什么没有炕？农民冬季取暖烧炕怎么办？燃料哪里来？农民养猪怎么办？许多实际问题都应答不上来。因为当时面对的都是青年教师和学生，总理的问题严肃而温和。后来蒋南翔校长开会批评此事，我曾辩解说这些都是县委等领导决定的，蒋南翔说：“工作是你们做的，还是反映你们水平不高。”我无言以对，经过认真的思考，我痛苦地承认自己学术、思想水平不高，一个失败的试验总不能当做成绩来肯定吧？！**“君子不患位不尊，而患德不崇；不耻禄之不夥，而耻智之不博。”**现在我还是心悦诚服的承认水平是不高，但是水平高就能够挡得住当时的头脑发热吗？

在实际经济水平、生产力还未达到的情况下，依靠主观臆断是不行

周总理视察徐水

（来源：清华大学建筑学院．匠人营国 清华大学建筑学院60年1946-2006[M]．北京：清华大学出版社，2006: 65）

的。当时徐水的县领导提出“提前实现共产主义”，建设“共产主义新农村”，在无经济实力、无技术的条件下，无论用什么漂亮空洞的口号，这样的“样板”都是树不起来的，尽管一度成为参观者的“亮点”，但没几年芦苇磨朽，就不得不被拆除。当然最苦的是徐水的老百姓，谁来补偿他们的损失？这是一个教训，现在似乎已经逐渐被遗忘，没有人再提起了，但是在那个“大跃进”时代，这类事还少吗？历史是不会一模一样地去重演的，但当时各种“风”是一步步刮起来的，并且愈演愈烈。我至今每思至此，心中就压下一个重担。这类事不能不令人反思，仅仅期求违背基本原则的事不要再犯吧。这说起来很轻松，但当时一批前来视察的“领导”，有谁说过“不”字吗？**规划要有理想，但不是空想，更不是妄想**，要理想与实际统一，**城乡规划与建设只能立足于现实的基础上**。

在徐水期间我还去参观了白洋淀，一片泽国，真是太美了，芦苇丛丛，碧波荡漾，令人心旷神怡。当时有一部小说叫《新儿女英雄传》，记述的就是白洋淀一带的农民抗日活动。我们在白洋淀就是由游击英雄刘博领着去的，他当时是县委书记。白洋淀旁边有一展览馆，陈列水产标本，记得里面有一个鲸鱼标本有近一米长，足见当时生态环境之好，我们也被宴请吃鱼宴。“文革”后我再去白洋淀，湖底龟裂，已经不复往昔的繁荣，新灌注了水，虽然也还能吃到鱼和一只小鳖，但这顿午餐让我内心凄凉，很不是滋味。

编写《城乡规划》教学用书

自 1949 年新中国成立到 1960 年代，我国取得了一系列的建设成就，包括长春第一汽车制造厂等在内的 156 项重大项目次第建设；1956 年提

《城乡规划》书影

出“向科学进军”；1959年庆祝国庆十周年的工程建设等取得一系列胜利。但是，后期在“大跃进”、高指标、浮夸风等影响下，带来了巨大的灾害，也影响到高等学校的教育。1960年，周恩来总理提出“调整、巩固、充实、提高”八字方针，意图恢复重整正常秩序。

面对当时教育的混乱，高等学校教育在此方针下确立了两大举措：一是整顿教学秩序，二是重新编写教材。前者要整顿教学秩序，解决相当一个时期来学生不正规上课的混乱状态，**“按人头计算，填平补齐”**（指按每个学生受业的情况，拟定自身的补课计划）。后者就是大规模编写主要课程的教学用书，这在当时确实是明智之举。在清华建筑系，我作为主管教学的副系主任，我个人是极其拥护的，这两项任务都落在我的肩上。在此期间，清华大学建筑系集体编写了《建筑构图原理》《建筑画绘图》两本教材，在我的筹划下，经过参与教师的积极努力，最终集中在梁先生家，通过梁先生审查修正，顺利出版。

在编写教材过程中唯独《城乡规划》一书的情况比较特殊，建设部教育司司长数度和我洽商，希望我来编写，但当时清华党委坚决不同意我接受此任务，认为“政策性太强”，不能从命（我当时对清华党委异常坚决的意见，也心存困惑，**“文革”后才知道，这是因为当时国务院副总理李富春在1960年11月的第九次全国计划会议上提出“城市规划三年不搞”，学校领导才如此坚决**）。当时我毫无所闻，直到1961年下半年，曹洪涛同志从轻工业战线刚调任国家计委城市规划局任局长，他对此领域业务不熟悉，一到任就遇到《城乡规划》教材的编写工作这一难题。后来，他召集有关建筑院校的老师来建设部开会讨论教材编写工作，当时参会的有南京工学院（今东南大学）的齐康、夏祖华，同济大学的李德华、宗林，重庆建筑工程学院（今重庆大学）的黄光宇，清华大学则由我代表参加。曹洪涛为人诚恳，把大家团结在这一任务下共同努力。这时他似已胸有成竹，本意是要我主持编写，但我告知他学校坚决不同意，不能受命，他仍然以“年岁最长”为由一再要我先来“主持会议”，会议上各校交流了对全书的看法，讨论的结果是：由清华大学来编写上册（“总体规划”部分），由同济、南工两校合编下册（“城市设计”部分），关于下册的编写我基本未太具体过问。

回到清华大学后，我即组织城市规划教研组教师队伍开始编写工作，确定书名为“城乡规划”（虽然后来涉及乡村内容较少，人民公社等内容移至下册，但书名我仍坚持原意），并提出总纲。除了以我在清华曾经讲授的教材为基础外，中国城市史部分及总体规划部分由我执笔，世界城市史由程应铨执笔，朱畅中编写苏联及东欧的相关部分，其他参加人有杨秋华、陈保荣、朱自煊等。因为这一时期城市规划教研组已将规划方向重点转入住房与社区研究，此项工作只能在力所能及的条件下开展，昼夜赶工，颇为辛苦。完稿后，有关方面将稿件送国家计划委员会审查，程子华副主任批送当时的城市规划研究院成立小组对书稿进行审核，主要由院长史克宁和安永瑜等主其事，邹德慈作为联系人。虽然我过去在业务活动中就与规划院有较多联系，比较熟悉，但是他们骤然接到这项任务，仍严肃以对。记得在初审过程中出现了观点的分歧，例如：此书应以政策为主还是以科学规律为主，我坚持认为，既然作为教科书，就应以综合的科学知识基础及城市的发展规律为纲。规划院审查中涉及面逐渐缩小，后来也较放松，仅关心与政策有关的内容，当时安永瑜负责改写新中国成立以来城市建设方针等的内容（即此书第一篇总论第二章第二节《(四)十年来城市建设的伟大成就和几点重要经验》)，我还记得定稿后他很慎重地亲自来清华将稿子交给我。

整个编写的过程非常艰苦，在当时大的政治、经济、社会背景下，正处在对城市规划工作大批判的时期，观点上莫衷一是。后来，曹洪涛在一篇文章中说我是此书的主编，事实上，我承担了主编的工作，如前所述，因为清华党委有言在先，我一直没有正式亮出这一名义，但又勉为其难地尽可能做一切需要做和可以做的事，在清华城市规划教研组几位同志共同努力下，总算完成任务。

这本书前后几经磨难，最后总算交卷，从当时清华建筑系的人力与学术水平和旺盛的意志来看，写出比现有内容更充实一些的教材是有条件的，但限于当时“震荡”的客观条件，限期紧迫，仓促出版，也只能如此，已经尽了可能的努力。现在来看，这本教学用书的新颖之处在于提出城市建设建立在经济发展的基础上，城市规划的一些原则理论是建立在相关学科的科学原则基础上，而不是空泛的概念。这在本书之前是前所未有的见解。

书稿交卷之日，总算松了一口气，但是当晚我就睡不着觉，失眠、虚汗，渐渐浮肿、四肢无力、心跳加速，去了三次小汤山疗养院（当时幸在工会照顾下获得的唯一可能的去处),后又染上肝炎。当时经济困难，按定量，一顿只能吃一个馒头，“国家在带领六亿人民渡荒”，“按热量办事”。我是硬着头皮，鼓足干劲总算把任务完成。未想到一病三年多，各种医药无效，后幸听从我母亲的建议，不再吃药，而是将各种豆子混合就食，慢慢调理，再半年后体力才逐渐恢复。这场病对我是亲身经历，**认识到粮食的重要性，“民以食为天”，工业要发展，城市要发展，不能没有农业。没有足够的商品粮，就养不活城市。这一段经历对我们这一代是记忆犹新的，对于我更有切肤之痛。**

我个人在当时从未听说有什么“城市规划三年不搞”的说法。但是，当我编写《城乡规划》的教科书时有一个感觉，我也曾登门请教一些当时的干部，包括有过城市规划经历的干部谈城市规划问题时，似乎都是高高在上、把城市规划批判一通的“智者”。

可喜的是，书出版后，这时我已在病榻上，听说有较好的反响。被告知出版社原本要加印，后发现书中有一处案例的地名约与“赫鲁晓夫”音相近（其实完全无关），但出版者在当时视之为畏途，遂作罢。可笑之至！[1]我对这件事是花了极大的力气，也算完成了任务，事后我不太愿意与人谈起了。卧病数年，“门前冷落鞍马稀”，蒙建筑系书记刘小石前来慰问过。

长安街规划与反思

新中国成立之后，长安街规划与天安门广场改建是交相发展、互相促进的。

当时，为了“五一”“十一”大游行等新中国成立初期大众的庆典活动，要拆三座门（中华门、长安左门、长安右门），因为游行队伍过门时国旗要低头，队伍分行凌乱，过门后再调整，非常不便。市政府下决心拆除，市代会讨论“通过”后（据传梁思成参会而未鼓掌），工程队立即动工拆除。

1　2013 年，此书的第二版由中国建筑工业出版社出版。

1964 年向校领导汇报长安街规划

1964 年长安街（天安门规划设计小组合影）

为适应“十大建筑”的兴起，决策者认为天安门广场太窄，决定加宽至 500 米。这个重大的变动使得人大会堂、宴会厅、人大常委三幢建筑形成一体，国家大剧院的位置也确定了，并掘土动工。但由于随后的经济下滑，粮食困难这些，原有工程因为施工的缺陷纷纷下马，而把即将完成的民族宫等升格成十大建筑。

1964 年，经济形势逐渐好转，长安街规划再一次被提出来（我记忆中的第四次），主持规划任务的北京市规划局并未提出特殊的先期目标要求等，有关设计单位如清华建筑研究院分头接到通知，被邀参加。

清华也提出了自己的方案，有以下几个特点。一是在规划范围上东西向延伸至建国门、复兴门，天安门广场南延伸至珠市口，分段确定规划原则。二是结合北京市规划工作，对国外市中心区进行对比研究：华盛顿轴线、巴黎卢浮宫以至凯旋门广场轴线、伦敦行政中心以南直至绿地轴线（这一方面工作由程应铨总结成文字，郑光中作图解）。三是在建筑群设计方面，考虑主体建筑与附属建筑高低相结合，正对路北的建筑广场与南部对应绿地相结合等，这一切均停留在理念上。

清华大学建三班学生每人领一组建筑，按整体要求各自发挥创造。长安街规划除在当时条件下粗浅地考虑某些功能要求，在构图上考虑街道高低轮廓线的控制、沿街建筑之进退等。这一次规划有石膏模型，由模型室贾殿文师傅主持，最后研究生苏则民书写报告书并分发至各单位。

这一规划方案北京市的决策者未置可否，模型也在“文革”中遗失。存在系馆的报告书也全部丧失，仅在私人家中有一本留存。

如果追问这一规划对实践起了什么作用，毛主席逝世后，纪念堂匆忙被决定安放在天安门广场南，广场面临第二次扩建（当时我作为规划组执笔者），北京市规划局尚待恢复，资料不全，幸有此次规划获得的大体完整资料作为参考，推动了当时纪念堂规划工作的进行。

左家庄住宅区：一项未得到肯定的成功试验

在经济困难时期，北京城市规划几乎没有多少事要做，当时并不知道有过“城市规划三年不搞”的指示。规划教研组这时转变了方向，重点放在住宅与居住区规划，在人员组织上将民用教研组从事住宅建设的教师转来城市教研组；在实践上，参加无锡规划、北京左家庄规划等，后者尤其值得一提。

1964 年与北京市建工局合作，在朱自煊、韩守询组织下，结合北京左家庄住宅小区的建设进行了新的探索。这个建设的目标是当时北京市副市长万里同志提出的**“双百方针”：即节约造价，每平方米不超过 100 元；缩短工期，每幢房屋不超过 100 天**。另外，设计要使用现代化技术，在北京市建工局局长钟森（原北大建筑系教授）的支持与清华土

左家庄工作组合影

建系等专业协作下：结构上采用震动砖模板、装配式技术，现场整合；施工上，先地下，后地上；总体规划布局上，采用格网化坐标定位，多专业、多工种，大兵团作战，室内工作到一定阶段，即进入现场，现场设计，协作紧密发挥得力，做出前所未有的贡献。

“文革”前多年来对城市发展建筑技术政策提出的一些“期望”，在这一工程中集中地得到体现。这是一项多学科、多工种、大兵团作战的试验，在当时取得了极大的成功，成为北京市建筑业上的一大创举。其对居住生活要求的重视，对后来所进行的北京旧城菊儿胡同住宅实验项目有重要的影响。可惜在这项工作完工后准备扩展建设时，“文革”到来，未及总结，资料散失，新建成的宿舍楼也成为红卫兵大串联的接待站。

左家庄试验的可贵之处在于：第一，在国庆工程后建筑系一度把学术发展方向定为“大型公共建筑”，教师人员编制等都向此倾斜，如一次将毕业生留下十人，寄希望于国家大剧院的设计。后因经济困难，“大公建”做不了，城市规划一时方向不明，才将设计教研组若干教师如张守仪、吕俊华、李德耀等转至城市组，从事住宅及住宅区试验，今天回头再看，这是很有意义的决策。从 1947 年梁思成访美归来，在建筑系第二届新生开学典礼致辞中谈到“住者有其房”，提出居住建筑在建筑学中的重要性，左家庄的试验可以说是“回到基本点”，且付诸实践。同时，新中国成立以来直到“文革”前，建筑学术思想包括技术理论（如工业化等）虽有所发展，但投入实践的非常零散，左家庄住宅区是清华大学师生在总探索下的综合创新，先地下后地上，多专业配套进行，蔚成体系，这在北京市及全国都是创举。

1966 年 6 月 1 日中午，我从左家庄工地返回，看到**《人民日报》**社论**《横扫一切牛鬼蛇神》**。怎么一回事？我一时傻了。到了晚上，学校就有人开始游行了，各种口号呼喊了起来。

“文革”开始了！

吴良镛、黄报青与学生

黄报青时任副系主任，和我配合得很好，他为人正直，在很多事情上有自己的见解。“文革”开始后，他不堪重压，自杀了，至今想起仍令人心痛。

第六章 “文革” 噩梦

“文革”的到来，我一点心理准备也没有，整整十年，就像一场噩梦，突如其来，一开始就很乱，直到现在我仍然弄不清楚，

牛棚生活

“文革”开始，乱象迭起。清华二校门被连夜拆除，象征着正常的秩序已经失去。清华学堂门口演出一幕幕闹剧。清华内战两派（所谓“团派”和“414 派”）打得不可开交，就派某部队组成“工宣队”来“占领学校”。

不久，我就被关起来了，让“交代问题”，批判不绝。若干年共事的教师，相煎何急，素不相识之人，如此咬牙切齿，我是这样的坏人？内心痛苦至极。最后，我被关在旧土木馆楼上，由模型室贾师傅负责看管我。贾师傅很照顾我，每天太阳出来，他就声色俱厉地对我说：“吴良镛，打开水去！”锅炉在大礼堂旁边，让我跟他出来打水，事实上就是带我去转一圈，见见太阳，他安慰我说“不要怕”“不用着急”。那时候学校里不断有人自杀，家里面母亲担忧我会寻短见，差我大儿子吴晓每天给我送报纸，报纸内画一个我小儿子吴晨的小手的外轮廓，给我一点家里面的温存。有一次大儿子吴晓（上小学四年级）在土木馆外面玩，

碰巧看到我，我对他挤了挤眼睛，被看守看到，就被赶走了，他回去跟我母亲说："爸爸对我笑了一下"，母亲这才放心了。

关在牛棚中的人，每晚还和一批被管制的其他教师"共同学习"。某晚我就注意到程应铨神色有点异常，晚学习完临走，他深情地望了我一眼走开了。第二天，我一推开窗子，看到大礼堂前的大字报"程应铨罪该万死"，他自杀了。

我被关了三个月，某工宣队成员来和我谈话，扣了我一个"大帽子"，"空帽子"，最后说："只要花五分钱你的问题就能解决"，我不理解五分钱是什么意思，被放出来后问别人，才知道原来一颗子弹时价五分钱，说明罪该枪毙。批判的主题不断更换，滇西远征，本来对我一生是引以为荣的事情，现在竟然成为莫大的罪过。当时征调是极为匆忙的事，国民党政府外事局简短的征调令只是称按照上尉或少校待遇，上尉或少校在我心中从未放在眼中，现在硬逼你说出你是属于哪一级的，原来逼你承认属于高一级，就属罪高一等，逼训出来就仿佛取得莫大的成功。发现了在被抄去的笔记上随便写的一句诗词"苟全性命于乱世，不求闻达于诸侯"，就开大小会批判不断，要交代什么是"乱世"？"诸侯"是谁？其实是一次数位教师闲聊，有一位教师脱口而出，我信手写在本子上。当时不经意随便一放，有一次被抄走了，而且一时也无从想起，当我回忆起怎么一回事时，我已被批判成这个样子，何必再说出原委，原话是哪一位说的，已无关紧要，何必再牵连别人！

鲤鱼洲三年"改造"

1969 年，我被送去到鲤鱼洲，江西鄱阳湖畔原劳改农场，当时名为"走五七道路"，实际是劳动改造。在那里先后建设鄱阳湖大堤，围湖造田，收割插秧，做木门窗，砌砖，盖房子，植树，800 棵橘子树经管理竟都成活了。后来我就给橘子树编号，浇水剪枝，精细管理．树长得很好，颇是喜人，若干年后，有人去该地，我听说树长得很好，都结橘子了。回想起来，作为一个建筑工作者，鲤鱼洲一年倒是一次有意义的生活经历，过去只学设计房子，今天能亲身把房子盖出来，体验劳动人民的生活，开阔了人生境界。说起盖房子，有一次要用沥青铺油毡，我笨手笨脚地在房顶上走，一不小心把沥青壶弄倒了，顺着屋面流下来，洒在下面工宣队的“煞神”大老郭晾晒的被子上，我当时很无奈，但也不失无聊生活中一次小闹剧。

1970 年初，我的内人姚同珍从中医学院带着幼儿来到鲤鱼洲。1970 年底，我的大儿子也从上海来到了鲤鱼洲。当时我觉得这一调动很突然，当时农场仅完成少数几幢房屋，如何安排？我随口而出，“为什么不跟我商量？”这一句话，被迅速打小报告给工宣队，于是批判我在家里面走“五七道路”，“还要你批准”！于是又开大小会批判不绝。总之，似乎当时生活的主题就是批判会。

当时我们所在的鄱阳湖畔是血吸虫病灾区，农场内陆续有人得病，但不许声张。林彪事件之后，周总理知道了这件事就批示全部调回来，我也就回北京了。清华有不少去过鲤鱼洲的人都病倒了，我的大孩子也去了，身体一直不好，低烧不断，相当一个时期全家都处在血吸虫病带来的威胁与不安中。

我在鲤鱼洲的一个意外收获是竟能上一次井岗山，脚踏实地，重温过去的革命历史。

梁思成病故

“文革”历经十年之久，开始相当长时间是绝对没有秩序、绝对没有安全的紊乱情况，是“大破坏”的时期，也带来了巨大的损失。就我身边接触所及，第一个大损失，也是最大的损失，是人才的损失。

“文革”一开始，梁先生就被关起来，由于造反派发现了营造学社保留的龙袍，他被押到清华大礼堂前批斗游行。运动刚刚开始他还居住在原有住地，居住环境未有大变化，后来系里有人出于保护意图，把他“藏”起来，可以安全一些，再后来全家被强令迁到北院，一间大房子，冬天没有供暖，寒冷得很。梁先生本来就体弱多病，正常时期常常一忙就要病一阵，住医院调理后会有所恢复，现在这种突然的生活变迁，严重影响了身体健康，病情一直在加剧，最后才住进北京医院。我从鲤鱼洲回来去看过他，他思维还清晰，还关心着时局，他盼望着能见到尼克松访华，还关心我的家人，等等。不料，这竟是我们最后一次晤面，他床边放着大氧气罐，很是凄凉，我看到非常心酸，幸有林洙照料他。刚进入1972年，梁先生实在撑不住了，于1月9日在北京医院病故。如果没有这段非常时期的折腾，梁先生肯定能多活几年，多做一些贡献。

余生也晚，梁思成来到清华之前的经历我无缘评论，但还是可以谈一些对梁思成的认识。第一，他开展的中国建筑历史研究，从《清式营造则例》做起，用西方投影表现方法重新整理、绘制，又深入调查，从蓟县调查独乐寺观音阁古建筑开始，逐步顺藤摸瓜上溯，在“七七事变”之前发现唐代佛光寺（佛光寺的调查报告热情洋溢，对专业如此执着，溢于文表），从近代追溯到古代，如登石阶，研究方法、路径是科学的。第二，建筑实例逐步对证文献，解读“天书”宋《营造法式》，弄懂一点用图纸详细绘制一点，直到 1940 年代完成《图像中国建筑史》，是从历史研究中追溯设计的发展。第三，他从“营造法式图注”转而对古代的造型开展研究，在 1944 年完成。第四，他创办了东北大学建筑系，反映了他留美归国对祖国建筑事业发展的热情，“二战”后他又结合自己考察欧美的经历，努力开创现代建筑教育，创办了清华大学建筑系。第五，他有着广博的中国文化基础，对西方文化的洞察也很敏锐，到后来，再参加一些国际活动（包括联大设计），一步一个脚印，作出了有他个人特色的卓越成就。

新中国建立之后，他积极投入到祖国建设中来，带领朱畅中、汪国瑜、程应铨、胡允敬等青年教师作了一些土建方面的筹备工作。新中国成立初，南方的建筑师心存观望，梁先生一一写信邀请他们北上，如童寯先生等。新中国成立初期国家缺少专业人才，梁思成带领清华教师参加国徽设计、人民英雄纪念碑的设计，后来还为迎接第一届政协大会召开修缮怀仁堂（我还看到过朱畅中绘制的怀仁堂的图纸，后林乐义对怀仁堂的建设作了二次改建），还在修建办事处范离主任的要求下筹划了对紫光阁的修缮。

梁思成是一个对新鲜事物很敏感的人，具有广博的知识，有很强的概括能力。我留美期间，在匡溪曾遇到过一个波兰建筑师 Meshi Novisky，是代表波兰政府参加联合国大厦方案设计的委员，老沙里宁自觉年老，一度希望让他接替自己在匡溪的职务，但没有成功。他在匡溪办了一个小型个人作品展，我曾获观，精妙极了，令人敬佩。他特别问我认不认识梁思成，我说是我老师，他说梁思成很了不起，联合国大厦方案议论的时候，梁思成考虑到了纽约和上海的纬度相似，夏天炎热，建议把建筑方案朝向做个改变，用现在的观念就是节约能源，给当时的与会者包括他自己留下了很深印象。梁思成参加会议常是这样，不是一般参与，而是每每持有高见，发人深省。梁思成对新鲜事物的敏感还体现在他的识才，对陈占祥、侯仁之的赏识，在“梁陈方案”和《北京——都市计划的无比杰作》一文中有所反映。

他是一位学者，潜心学问，有很高的个人修养，尊重别人的成就，包括别人发表的有价值的见解，从来不会背后说过别人的不是，他对党忠心耿耿，奉献祖国。林徽因在世还能帮他做一些战略上的筹划，失去林徽因后，他就失去了共同战斗的伴侣。1955 年的所谓“复古主义”“形式主义”的批判后，他精神也垮了，锐气消失了。幸好在 1960 年代初“广州会议”之后，周总理、陈毅副总理为知识分子“脱帽典礼”后，唤起梁先生重整宋《营造法式》的念头，并立即得到清华党委的支持，由郭黛姮、徐伯安在莫宗江的协助下于“文革”前完成。

“文革”刚开始的时候，我还自以为超然，“积极投入运动”，最初还没有涉及个人自由。有一次从系里面回去，看到一个平板三轮，堆了很多书，其中有若干本《世界美术全集》等，我还想，是谁也有这套书？回到家发现屋子里乱七八糟，原来是我家里面被抄了。我并无收藏古董的爱好，经济与时间也无力于此，林徽因给的我样式雷《江宁行宫图》《苏州邓尉山图》以及吕凤子赠我的《四阿罗汉》等被抄家者焚毁了，抄家又接连发生了多次。我在美国时候的一些通信，硕士毕业证书、文件等，也都被抄走了。

一个社会如果失去了正常秩序，没有公共安全是非常可怕的。从我在“文革”中所遭受的经历来看，社会的安定是绝对绝对重要的。“文革”太可怕了，各派的教师学生，到后来的工宣队，说关人就关人，说批判就批判，可以随便抄家。我当时住在蓝旗营九公寓东侧转角的一户，旁边就是来往必经的过道，窗户里面都能听到外面对话，一个说：“这是谁的家？”另一个说：“不管它，进去！”说着一阵急叩门，就拥进来，就乱翻东西了。什么笔记本等，看见什么就拿走，甚至当场焚烧，职工中的坏分子趁火打劫，敲诈金钱，不一而足。

北京图书馆“五老方案”

“文革”后期，周恩来总理曾指示将北海西侧的北京图书馆迁到西郊一带。最先由建设部发起竞赛，这是“文革”后第一次竞标，应征设计思想不一，东南大学杨廷宝设计的传统形式风格独特，区别于一般现代形式，独树一帜。在此影响下建设部副部长宋养初提出组织“五老方案”（杨廷宝、张镈、戴念慈、吴良镛、黄远祥五人），集中在部规划院工作一个月，这期间周总理逝世了，我与张镈听闻噩耗，两人相对而坐，伏案而泣。发展至后期形成由戴念慈及我完成的方案，送政治局审查并得到批准，这个评判是公平的。我以为借这个机会可以和戴再一道把这一工程做完以增加我的实际工程的锻炼，未想到这一工程却交给落选的另一组，由杨芸、陈世铭主持完成。戴念慈等竟被排斥在外，只是曾象

被遴选的北京市图书馆“五老方案”渲染图

1978 年和杨廷宝先生（中）、刘小石先生（右）在清华大学图书馆

征性地请张镈、戴念慈和我参与了一次评图而已，其中奥妙令我难以理解。竞赛期间，我有次去戴家，他夫人告诉我："他三天未说过一句话。"精神专注，投入若此。此事这样处理对于戴念慈是非常不公的。

对"文革"时期的反思

从鲤鱼洲回北京后，我暂时摆脱了当时建筑系的是非之地，后来万里同志一度回北京市任职，经他的关心，我得以参加了数项大型公共建筑的业务实践，如北京饭店，我从建筑方案竞赛做起，到绘制我不熟练的施工图（因为我大学毕业后参与的工作性质一时无暇顾此），到最后参加劳动，看房子一步步建造起来的全过程，有目的地补了一堂完整的建筑设计构造、装修与施工课，也回应了并不符合实际的讥讽："一个建筑系主任未盖过房子。"

我终生不解的是，“文革”后期，城市规划总局局长曹洪涛最早提出希望清华恢复城市规划学术活动，而一位工宣队师傅竟然可以擅自做一些不属于他职权范围的重要决定，说“城市规划没有用”，定下来了不予恢复的决策，指定三位教师参加了这个会，我虽在其列，却被勒令“可以出席但不准发言”，以致清华城市规划的恢复迟于他校，并被剥夺编写新一版教科书的权利。这一错误的决定，影响了“文革”后清华城市规划教学与学术发展。

我在“文革”期间写了几篇错误的文章，究其原因，一是属自己错误的认识，二是外在力量直接强加于我。现在回想，由于自己对错综复杂的政治环境全然无知，政治迟钝，把写批判文章当业务工作任务来做，但在总的错误路线下，你虽认真做事，效果也是错误的，每思及此饮恨不已。最为悲哀的是，在当时情况下在校内一度没有一个可以交心的人。“文革”的恶果使我一度失去自信，相当一段时期几乎不能自拔，直到1977 年 4 月刘达出任清华大学校长时才慢慢有所转变。

“文革”耗时竟十年，除了 1970 年代内我转至从事专业工作，对比周维权专心致志从事园林史研究，一些其他同志利用“文革”期间从事风景名胜实地考察，拓展专业见识，我则在无聊事务中耽搁太多的光阴，悔之晚矣。

“文革”中有一大批珍贵的资料遗失至今令我痛惜。新中国成立前期，从天安门到端门西边的一排廊子都是营造学社的，从中山公园行健亭旁设了入口，虽然经历了抗日战争，但挂图、陈设都没动，里面有李明仲的牌位，各种书籍、文件，连画图板也要放得也整整齐齐的，有一位姓师的老工人看管，当年我有事进城，就在那里过夜。新中国成立之后，那一排房作为升国旗的管理部门，这些资料就全部运回清华建筑系，堆放在清华学堂楼上。后来清华建筑系馆也搬家，资料室的东西有的堆在清华学堂的楼顶夹层上，无人过问，有些放在系里面，也无人管理。因我当时在美国，对此事完全不知晓。直到后来，我从江西鲤鱼洲回来后，被安排拖地板，扫厕所，才发现这些资料，并专门花了相当长的时间，才把当时营造学社的档案、书信，以及学社的印章、李明仲的牌位古籍等，重新理好整齐地放在楼板上，期待安排人送往主楼。没想到，这些东西被红卫兵发现，完了！主持这个事情的还是一个新毕业暂属于教师队伍的一个教师，受了若干年的专业教育，竟然对这些文物熟视无睹，每想到这些我就非常伤心，给国家文物带来无法弥补的大损失。如今，每每看到清华大学建筑学院二楼挂着营造学社的牌子，学社的文物资料已经空空缺失，甚至被作为废纸变卖，心中茫然若失，有无法克服的隐痛。其他如城市规划教研组在另一间房子，也有很多资料，解放后的资料都在，清华打内战，当时所谓的“团派”与“414 派”，一派在清华学堂，一派在科学馆，上清华学堂屋顶的通道就通过城市规划教研组，上上下下。经过两派的战斗，这个教研组的图书资料也荡然无存了。

“文革”中让我感到最痛心的就是对人才的漠视乃至迫害。1950 年代初期，清华建筑系跟北大合并，由于中年老师不够，曾请华揽洪、陈占祥任教，这两位都是大家。华揽洪早年在法国就已经成名，后来投身祖国建设，一度非常活跃，在苦难的条件下艰苦实践，完成北京儿童医院和幸福村街坊等的设计，意匠独具，富有创造性，在当时就获得了一致的好评。后来由于政治气候的变化，华先生在国内遭到了不公正的待遇，由于“文革”后的困境，不得已离开了祖国，我们虽然惋惜但也无可奈何。改革开放初期我曾在欧洲大半年，幸得华先生安排，我到巴黎两个学校访问并做讲演。我拿到讲演金后去除我在巴黎的日常开销外就交给了他，他也就接受了，可想他在法国境遇之困难。但是他仍然孜孜不倦地坚持研究和关注中国的城市建设，并出版了专著。该书的中译本2006年在中国出版，题为《重建中国：城市规划三十年1949—1979》，在华先生诞辰100周年之际，我曾提议在北京儿童医院旁树立一座华先生的雕塑或纪念碑，作为祖国对他的肯定和纪念。

陈占祥非常有学问，是阿伯克隆比的学生，从英国留学归来，在南京停留过后到北京来与梁先生一道提出“梁陈方案”。新中国成立之初他一度受到错误的批判，批判会后，周荣鑫在走出政协礼堂时问汪季琦说：“我们这样批判对不对？”1988年我在美国伯克利大学做客座教授时他也在那里，我听过他的讲演，很有启发，我编写大百科全书第二版时请教过他，我们聊了一个上午，他把建筑与城市规划的发展历程讲得非常完整，有系统、有见解。他是非常博学的学者，但是有时表达不清，一般人无法完全理解，但也没有得到重用，非常可惜。他去世前我去探望他，他从病床上勉强坐起来和我聊天，晚景凄凉令我心酸，我们不是没有人才，而是人才没有得到重视！

唐山抗震救灾

1976年7月28日，唐山地震，波及天津、北京。震后约一周，出于专业的责任感，我申请赴灾区参加救灾工作，获批准。随清华第一批队伍赶去灾区，住在临时的工棚内，夜晚尸臭袭人。我去受灾地区调查，原规划局规划科长赵振中被土埋了半个身，又被挖了出来，我们戏称他为“出土文物”。由于找到了他，唐山规划图纸、资料、文献才从土中逐一被挖掘出来，这为后来的工作带来莫大的便利。在这期间，余震未断，从东北调来的医务人员行至滦河桥上，恰逢余震桥坍塌，溺死在江中。

唐山这样的中等城市，竟没有安全、系统的交通设施体系，震后对外联络的道路交通全部中断，竟至瘫痪！这是抗震救灾应该吸取的第一重要教训。随后各地救灾队伍陆续到达，分别在机场简易棚帐内工作。建设部曹洪涛同志领队（包括周干峙在内），上海规划院一个技术人员齐全的队伍陆续到达，我即与他们协同工作，参与决策。

对唐山规划的战略思考有一个变化的过程。当时有些规划工作者初投入工作，多纷纷建议向外搬迁，稍深入后就会认识到想法不现实。当时有地震专家论证，如此之大的地震，在震后相当时期内不会重演（当时推断为百年内），而城内的基础设施虽经严重破坏，经逐步修复后仍可部分利用。特别是不同的工业企业，貌似遭到重大的破损，仍然保留有极大的财富，可以陆续对残余设施进行修复。故经深入勘察研究后，认为仍然应以唐山原址为基础，另发展两个新城：一在丰润县，另建新区；一在东矿区，建中心点。我最初去丰润一带进行调研，与上海规划局铁路专家初步商定，找到与原交通枢纽衔接的可能性，提出丰润新区建设方案初稿，待建设部小组进一步调研商榷被肯定，认为设想可行，并被采纳。毛主席逝世消息传来，我们在震区深切哀悼，此后我即从唐山被调至北京从事纪念堂设计，唐山丰润规划工作由周干峙领导，进一步推进实施。大约两个多月后，我随中国建筑学会考察团重返唐山，发现我当时绘制的草图仍在干峙的枕头下边。

唐山市震后街巷多被倾倒的房屋所覆盖，幸亏有偌大的凤凰山公园绿地供抗震棚栖身，这一点常为众多规划工作者乐道，即**大中城市必须有宽阔之绿地**，但时间一久，这一经验似又被人所忘记。我在1980年代去西欧讲学，被邀在意大利安科那（Ancona）（亦地震城市）城市议会及英国剑桥大学对唐山地震做专题演讲时提到这一问题，这一案例引起了学术界的重视。

唐山地震后 10 周年、20 周年、30 周年的纪念会，我均被邀请参加，亲见一个个几成废墟的城市震后快速恢复，从初步恢复其城市功能（第一个 10 年做到基础设施体系的初步改建运转。第一期街坊设计方案得到实施，以解决市区急迫的定居要求，并认为不必对建筑设计细节过分挑剔）；到茁壮成长再追求建筑艺术渐趋完美（第二个 10 年外观有显著改善，至第三个 10 年，南湖的建设已经美丽宜人），作为一个城市规划工作者，对在全国支援下唐山人民所释放的内在生命力与拼搏精神深深感到激励。后来丰润新城终能完成，我数度前往工地，对此我情不能已。此外，我的初中同学韦开荣时任四川某学院教授，回唐山探亲全家在地震中遇难，每念及此，令人心痛。

毛主席纪念堂规划设计

1976 年 9 月 9 日，毛主席逝世，全国人民都沉浸在一种悲痛的情绪中。我从唐山救灾前线调至毛主席纪念堂规划设计组。纪念堂建在何处？当时各种意见杂陈，包括景山方案、天安门广场方案、端门方案，我提议建在香山，领导小组主持人赵鹏飞建议各组在上述各地先作出具体的设计方案。再行比较，为了争取时间，领导小组决定先在天安门广场与香山两地同时开展地质勘探，后以华国锋为首的政治局会议仓促决定纪念堂选址在天安门广场。我被留在纪念堂规划设计组中，从事广场扩建设计。

从建筑环境的角度言，以香山最好。今天我仍不时地反思纪念堂的建设问题。未建纪念堂之前，中华门到纪念碑之间原有苍松成林，是当时天安门广场南部最好的一块美丽宜人的绿地。确定在此建设纪念堂后，中华门被拆了，松林也没了，今天的纪念堂外陵园广场上市民不能入内，很是可惜。纪念堂总体体量也太大，从人民大会堂到纪念堂一带地下空间全部占用，地面亦无法再做绿化。

回忆我当时的工作，一是确定纪念堂的位置放在正阳门与人民英雄纪念碑之中；二是当时设计组对纪念堂采用的建材众说纷纭，我因曾经参与人民英雄纪念碑的建设过程知道采用青岛崂山花岗石的来历，建议纪念堂与此一致，意见被采纳；三是当中央美院盛扬同志主持雕塑时，雕塑家意见也莫衷一是，我建议宜集中一些，最后形成“八字门墙”形，以突出纪念堂的北主入口；四是纪念堂的四周陵园，为了加强管理，当时部队的主事者坚持要加大门卫用房，后经各方商定劝其适当缩小，并争取得到谷牧副总理的批准，才定下来。

最后我完成了天安门南广场竣工图回校，曾前往医院看赵鹏飞，他真情流露，忧心忡忡地问我：“这座建筑以后会不会挨骂啊？”其实，不同的议论是有的，如纪念堂体量过大、天安门广场绿地太少、地下空间占地太多以致广场的地下改建失去可能性等。纪念堂周围绿地宜开放，使广场吸纳更多人民群众。

回顾香山方案则有自己的特点，1948 年毛泽东曾经在香山寺一带指挥战争，这里环境开阔，轴线严谨，工程比在市中心简易、单纯，可分步进行。可惜当时决策基于群情，缺少科学的比较分析。

纪念堂仓促建设、天安门广场二次改建，嗣后国家博物馆、国家大剧院相继建设，对这一首都中心建筑群的讨论持续不断，未来当大有可为。

香山方案（吴良镛等）

第七章　建筑教育的恢复与回眸

梁思成去世是在1972年1月9日，3天前的1月6日是陈毅去世的日子，毛主席在匆忙中赶赴，并对张茜说："陈毅同志是个好同志"，等于是平反。梁先生的追悼会由李先念主席主持，张奚若、周培源、华罗庚、钱伟长等诸多知名科学家出席，可视为**"政治上的平反"**。

1977年春，新任命的清华大学校长刘达同志到校。1978年，刘达同志传达6月23日邓小平在听取清华大学情况汇报时说，**"清华建筑系很有名"，"给梁思成扣反动学术权威的帽子是不对的，应改正过来。"**[1]这对于建筑学人是一个鼓舞。由于"文革"中给我的创伤尚未平复，当时心灰意冷，再无意担任行政职务，因此刘达同志召集教师会时，我坐在最后一排。他叫道："吴良镛往前面坐坐"，我向前移了几排，又叫我向前坐，我又移前几排，他说"怎么你怕我呀？"闻最初要我继任土建系系主任，由于"文革"经历，我对此视为畏途，后来还是勉为其难，这种情绪也渐渐有了转变，主观上投入行政领导岗位，排解难题，随之进入改革开放，专业发展道路的求索使我进入另一种精神世界。

同年实施改革开放政策。一些革命干部、老科学家、众多的科技人

1　见：中共中央文献研究室．邓小平年谱（1975—1977）[M]．上卷．北京：中央文献出版社，2004：330-332.

员陆续回到重要的工作岗位上来，焕发青春，重新整顿“文革”带来的混乱无秩序状态。当时我还未意识到这标志着一个新历史时期的开始。

重整重灾后的建筑系

自 1978 年至 1983 年，我担任行政工作 5 年，面对“文革”后破坏严重的建筑系，大致做了以下几件事。

一，当时土木系、建筑系由于党务工作领导的需要，将两系的行政班子合为一体，改革开放后，预见到科学与业务发展的需要，我自审无力统筹建筑土木两系，建议将其恢复为两系，以利各自发展，得到学校批准。

二，1981 年，时任校党委书记的林克批示要我负责编选《梁思成文集》(四卷本)，在诸多梁先生弟子的协助下，1986 年完成了本书的编写。梁先生 85 周年诞辰召开盛大的纪念会，他的生前好友及弟子等参加，济济一堂，这是一次在“文革”后对梁先生缅怀纪念、热情洋溢的大会，**对“文革”中对梁先生所谓“学术批判”的种种不实之言加以澄清，大会可以视之为“学术上的平反”**。

1984 年梁思成学术研讨会

三，在张家璋、蔡君馥的主持下，开展农房利用太阳能的研究，先后在北京大兴区留民营村开展实验，并与西德展开合作。可惜后来张不幸逝世，蔡退休，这项倡导在先的新技术未能得以继续。当时蔡君馥是建筑系副主任，协助我共同度过艰难的时刻，系党委刘小石应国务院副总理万里之意，被调至北京市规划局任局长兼书记。鉴于刘小石在清华建筑系之建树，我与蔡君馥建议校党委将其留任清华而未果。我对蔡君馥以及党委书记刘小石等协助我对繁杂困难的系务工作的支持，至今铭感于怀。

四，向校领导建议成立建筑学院。1988 年在建筑学院成立大会上，我有一个发言，提出创业精神和学术思想基础是建筑系的灵魂，学术思想的建设和成长是建筑系发展的保障。我引用闻一多的诗：**“诗人的天赋是爱，爱他的祖国、爱他的人民”**，建筑系也要有一个学术精神，始于梁先生，对建筑事业的爱、对祖国对人民的爱，要发扬光大。这一次学院成立大会任命李道增为院长，当时的北京市委书记，本院的校友李锡铭也赶来参加，可惜会议没有记录。

1983 年，我已届退休年龄，卸去行政职务。张维邀约我赴深圳大学任建筑系系主任我谢辞了，于 1984 年创办建筑与城市研究所。

我感谢陈植老师的关切。当我奉命整理《梁思成文集》，到一定阶段做不下去时，陈植老师谆谆相嘱：“梁思成是我同学，他能有你这个助手是他有眼光，你为他做了不少事情，大家看得清，但你现在要把你自己的学术理论向前推进，而不仅仅是在梁先生的框架下面。”事实上当时梁先生的学术成果整理工作我已经尽我所能，陈植先生提出要发展我自己的，非常中肯也非常及时，这对我启发鼓励非常大，此后才逐步形成后面的前进方向。他居上海，与我铸哥相识，他也把相同意思的话跟铸哥说起。在我人生转折阶段，陈老谆谆教诲，至关重要，我对他的鼓励至今感怀不尽。

讲授《西方城市史》

“文革”后我开的第一门新课是《西方城市史》。自从1947年梁先生访美归来，带回一些西方城市历史理论的书籍，我就开始对西方城市史零零散散地有所涉猎，1980年代我专门开设此课程。我的教学重点是：第一，对西方古代以希腊、罗马以及中世纪城市建设史实的引介，着重对城市设计案例多做发挥；第二，在文艺复兴时代，重点放在诸大家学术理论与若干经典城市与设计案例；第三，将18世纪起的工业革命时期作为近代城市规划的开始，作为本课后半部的主要内容，将这一时期城市发展的背景思潮、城市理论、问题、案例作为重点。通过这项课程的讲授，我自己将过去分散的阅读材料加以整理，形成了较为系统的概念，提高了认识，也对我研究有帮助。左川同志曾对部分讲课内容进行记录整理，我本想在此基础上增加些材料成文，可惜未果，记录稿至今仍压在我的书斋中。

与西方城市史并行的一些研究，如对“中国城市史”“城市的结构与形态”“城市设计理论”等作专题性的探索，是对如潮的新学术思想不断加以梳理，而“我国城市结构形态发展规律的研究”是国家教委给予研究所赖以成立的课题，经费仅仅3.2万元，后来却成为建筑与城市研究所延续至今的课题。

建筑教育博士制度的推进

“文革”后，教育领域的一项重要举措是博士制度的建立。建筑学科也召开了筹备座谈会，第一次会议杨廷宝（组长）、冯纪忠、林乐义和我都被邀请参加。在这个会议上先是对学科进行评定，确定在规定为一级学科的建筑学体系中建立哪些二级学科，我曾提出城市规划、风景园林、工程技术科学等均宜列为二级学科。博士点的设立是新中国教育一个新的里程碑，建筑学确立了博士点，我也被选定为博士生导师，自己从事的建筑科学又上了一个新的台阶。同时城市规划作为二级学科也被批准，风景园林就被确定含在城市规划学科中。技术科学被林乐义否定了，他认为够不上二级学科，我对此是持不同意见的，当时他代表建设部，一时难以和他争论。林乐义先生在新中国成立初期对新中国建筑事业做出了重要贡献，也设计出若干优秀的建筑作品，如电报大楼、政协礼堂、话剧院等，但他长期未从事教育。我当时虽然邀请他来清华教建筑设计，也得到好评，但对建筑教育未来发展的大事，他代表一个部门，"一言九鼎"，影响甚大。清华的难处凸显在张昌龄先生作为导师的建筑技术科学博士点未能确立，他培养的博士生也未能获得学位。因此张本人就从此旅居海外，回眸往事，终感遗憾。原在张昌龄教授指导下的研究生吴硕贤，由于学科被否定受到些影响，他转而找我做导师。我不是声学专家，建议他将研究内容和城市建设找关系，邀请声学专家马大猷院士（学部委员）一同指导，最后他的题目是城市道路噪声的研究。此类课题 MIT 曾有人做过，吴硕贤的创新是将美国对双车道的噪声计算扩展到四车道，以及还有其他方面的发展，颇有创新，结果顺利毕业，成为获得建筑类博士学位的第一人。他在毕业后在建筑技术科学上续有建树，被选为中国科学院院士。

指导博士生是各个学科的最高层次教育，最初的措施极为严格，导师的选定也非常严格。我自知学术浅陋，因此我自己也俨然以学习和科研的态度，选择当时建设中的重大课题与博士生一起来攻关，至今仍然

1984 年吴硕贤博士毕业答辩

持此态度，兹以指导赵大壮为例。赵大壮自己喜好体育运动，对体育场的设计情有独钟，正好当时国家体委在讨论如何举办北京亚运会的问题，我对北京亚运会的筹备工作有了解，博士论文选当时重大项目课题两者可以结合起来做，题目是成立的。当时对亚运会场馆建设有很多讨论，总的来说是如何处理“分散”和“集中”的矛盾。当时有建议做集中、做大，按照奥运规模建，以为有了这样的规模申奥就有把握。这些观点我是不赞成的，因认为亚运会和奥运会两者很难混为一谈，我提出来要“大分散，小集中”。“大分散”就是北京各区都应有体育馆，除了服务亚运会还可以服务大学等；矛盾的焦点是“小集中”，即后来亚运村的建设。北京工人体育馆（乒乓球馆）是拆迁还是扩建又曾经有一番论战，此处从略。经过清华大学建筑、土木两系的专家联合研究，认为可以保留工体馆，后来体委同意决定保留原有的乒乓球馆并对其加以扩建，以之为基础，把最重要的赛事活动集中在北京北部，这个在战略上大的布局原则问题解决了，体委认可了，赵大壮论文的研究的基本原则就成立了。后来他的论文研究了北京从举办亚运会发展到举办奥运会一系列的动态过程，当时计划建国四十年亚运会，建国五十年奥运会，把重大赛事的举办和城市体育设施的系统发展结合在一起，还研究了与比赛有关的经济、交通、赛后利用等多种问题，顺利通过答辩。赵大壮完成这一论文是很不容易的，在他攻读博士论文期间，他夫人去美国留学，他要抚养两个子女成长，还要忙他的博士论文。我在《广义建筑学》中提到了这一研究成果，并从理论上加以提高，称之为“**经济时空论**”。赵大壮作为城市规划专业的第一个博士生，为媒体所关注，后来他社会活动越来越多，经常到各地演讲、谈体会，也就离开建筑与城市研究所，在北京、湛江、海南、深圳等地，兼任各种职务，每周穿梭于三个地方，我和他戏言：“基辛格也没有你这样忙”，但没想到他操劳过度突发心脏病英年早逝。北京 2008 年奥运会的时候，我还想到他，如果他还健在应能在场馆建设上发挥更大的作用，可惜了！

以上只是列举了一个例子，说明指导博士课题是在我研究过程中的一部分。教育部举行的全国优秀博士生百篇论文评定中，据统计自开始设立直到近年建筑类获奖有 4 名，我的研究生方可、单军就占 2 名。

总的来讲，我指导研究生的原则是“一把钥匙开一把锁”，因材施教，方法不一，主题不一，总的精神还是共同探讨，在一个团队中共同进步。例如，在亚运会研究团队，林爱梅同志完成了北京体育学院新体育馆（拳击馆）的设计建造。导师不可能对论文中的难题都懂，而是以自己面对棘手问题的态度来审慎对待，而且共同求索，甚至别获蹊径。

博士生制度的建立使我及研究所科学研究工作进入一个新的阶段，我们也逐步积累博士生培养的经验，主要包括：（1）明确以中国建设的重大实际问题作为研究生选题的方向，后来更明确为“以问题为导向”。（2）从重大问题的研究中，更自觉地摸索当今时代的重大学术方向。（3）要善为指导研究生的学术研究，作为学术带头人的导师必须自己先行思考，争取高瞻远瞩，对难点要思考在前头，能心中有数。在过程中要协同研究，明确学术难题的关键所在。（4）要引领学生逐步走向建立一己学术系统，并领悟这是最高的学术境界。

专业方向的探索

1946年，我受聘清华，1952年被委任为副系主任，直到1983年卸去系主任之职，经历了30多年，可以说是人生的黄金三十年，把办好一个系作为身负的第一要务，我有一种保姆的心情，看望着这个系（院）茁壮成长。

第一，一个系的学术方向是灵魂。当年清华建筑系创办的宗旨就是战后复兴，继之建设我们年轻的共和国。尽管国家发展道路并不平坦，从新中国成立初期到“文革”的挫折，再到改革开放，风风雨雨，潮起潮落，有时会忽有所悟，有时又感困惑，但有一点是始终坚持的，那就是建筑事业与建筑教育不能脱离时代与国家的发展。

就个人来说，在学术探索中也经历了曲折道路，从学习欧美（巴黎美术学院）到学苏、学波兰到墨美之行，到西欧之旅，再到1981年新疆丝绸之路及泉州等海上丝绸之路城市的考察，渐渐产生了“全球视野—中国特色”以至“走中国道路”的愿景。

对于建筑学术发展，当然我们首先要感谢我们系的创业者，一代大师梁思成先生，中国有句古话，“创业维艰，守成不易”。我不能忘记“二战”后到新中国成立伊始梁对中国建筑事业的贡献（包括建筑系的创建）和建设新中国朝气蓬勃、奋发进取的精神。“文革”后的建筑系在继承和发展梁思成等前贤的学术思想的基础上前进，核心学术思想是从他的“住者有其房”和“体形环境论”继续前进。一个学系（院）的学术思想是其灵魂、是其精神支柱。

在1984年我曾发表文章《建筑系的回顾与前瞻》强调：第一，创业精神和学术思想基础是建筑系的灵魂；第二，学术梯队的建设与成长是事业的保证；第三，积极投入建设洪流中，培养人才发展学术是教师的根本职责。文章写道：

“人类有几千年的文明史，现代科学已经向外层空间发展，但人类本身的居住环境很不理想，人类聚居环境科学是新的综合的学科领域，我们要用多学科的成果自觉地更加全面地建设好我们的居住环境，建筑学要与土木、环境、经管、社会学等合作。”

教师队伍搭建

教师队伍的组成是一个学系成功的关键。早期清华教师队伍的形成，一是营造学社的班底从四川迁到清华，有刘致平、莫宗江还有罗哲文，一是与我有大致相同经历的中大、重大毕业的青年教师，如汪国瑜、朱畅中、胡允敬和程应铨，其后有从兰州归来的郑孝燮以及自美归国的双硕士周卜颐等。1952年院系调整，北大建筑系与清华合并，戴志昂、赵正之、张守仪、王炜钰、宋泊、华宜玉等来清华，梁先生任系主任。

一个优秀的教师队伍的组成关键在“得人”，靠人才、靠团队，为简单说明问题举两个例子。第一个例子是将关肇邺留校。建2班即将毕业分配时，他被分配到东北工学院，他当时帮助林徽因先生设计任弼时墓，同时也在三校建委会，为清华北大设计公寓楼。我注意到他所负责的北大的那一栋，细部到位，颇具匠心，我想是位人才，于是借协助林徽因设计任弼时墓这一任务，把分配的事情压了下来。当时高教部管理教师分配的一位司长（姓名已经记不清楚了）对建筑系的事不太熟悉，常向我询问如专业名称等问题。当时学苏联，将专业名称译为“建筑艺术”，我改译为“建筑学”，他很高兴，于是便熟悉起来，后来与他谈及关先生的分配，他压下了一阵后来就转分配给清华，顺利地解决了这件事。今天我看到关肇邺先生在清华内外所做建筑之精品以及他的种种成就，心中暗自庆幸，这件事关先生本人未必清楚。

“得人”的第二例子是请汪坦先生来清华。汪先生是我在中大时的高班学长，后从赖特大师游，从美归来赴大连工学院主持水利施工教研组，1957年后我系建筑设计教研组主任缺人，拟请汪先生就任，未见回音。我向党总支书记刘小石建议，以汪坦的学识经验能力拟请他担任副系主任一职，并专程赴大连邀请。几十年来汪先生贡献多多，改革开放后培养博士生，开拓近代建筑史研究、美学研究，为师生所爱戴，汪先生一向身体很好，可惜突发重病离去。

老清华的特点之一是，要形成一个系就是一个学者团队，卓然一学派，梁思成先生早年的营建系即是如此。

得人的对立面是“失人”，在“文革”中未能将傅熹年调回清华是一大损失。1950年代我去故宫看陈叔通先生收藏的“百家画梅展”，路上会到傅熹年，他和我谈了不少，我记忆犹新，对他的文化修养深为赏识。后来他被分配去宁夏工作，又被文物局借调出复原唐大明宫含元殿，他曾经写过一封信，提出梁先生的文集还有许多工作要做，我曾把他的建议转给工宣队杨师傅，未想受到一通批判“吴良镛你老毛病又犯了”。可惜傅熹年先生没能来清华，后来北大的宿白教授也曾闻此，和我谈到，

“梁先生走后没有留此人非常可惜”。还有一位英若聪当时做我的助教，颇有才华，他的父亲是英千里，是文化名人，但是去了台湾。当时城市规划有保密制度，只能让他改换专业到建筑历史，为此学校副校长陈舜瑶就约我及朱自煊去城市建设总局，专程晤见该副局长，惜未得要领，对于此事，我一直觉得遗憾。

人才培养

学校聘用人才、教师培养学生，学生要向教师学习，这是天经地义的。我一生在教育岗位上，过去在行政职务上主管教学，经过我过问（切不要用“培养”一词）的学生已经不好计算。经过多年的体会，师与生的关系其实只有他们在校受教的有限几年，随着学生的成长，彼此应视为共同事业的战友，最好的情况是互相切磋，我牢记韩愈的话：**“弟子不必不如师，师不必贤于弟子”;“闻道有先后，术业有专攻”**，意义深刻。学术总是发展的，学生成长起来，可以在学术事业上有不同的成就，会对教师带来启发。

对于在建筑事业上有成就的学生，从内心作如是观，从内心欣喜，亲切，随着时间的推移，学生超过先生，不仅应庆幸，宜视为教育的成功，

吴良镛与建五同学

社会的“得人”，对持同样态度工作的人，是共同事业的同道。我后来常以“同道”“科学共同体”作为亲密的称呼，例如对于建筑与城市研究所，实质上是一种学术理念的共同事业的创业者。至于已经转向别的方向的人，作出成绩，当然祝福他，但道不同不与谋。我年纪渐长，阅历渐多，该说的有责任有义务，但警惕自己决不能好为人师，老气横秋，倚老卖老。

归根到底，我始终是教师，“教然后知不足”，不能丢掉教育工作者的职责。回顾我的教育生涯，1950 年底，我回国后即担任城市规划的教学工作，回想起来，心中无底。城市本身太庞大复杂；新中国建设初定，156 项工程展开，作为学校单位很难得到关键资料；学苏有不谙俄文的困难，而且进一步钻研又发现教条化与形式主义的问题。我负责教授的城市规划原理，首先也只能把材料叠加、系统化、条理化而已，《城乡规划》教学用书的编纂面对极大的困难，已经吃尽了苦头。

作为教师，对提拔人才、培养人才，有着不可推卸的社会责任，虽然我在教师岗位做了一些应该做的事情，但是仍感觉不够自觉。时代要继承前人，但也要抱着进步的希望，要看到新事物。现在年轻人的业务功底在某些方面看起来不如老一代，但也不能说今不如古，要看到新鲜事物，当前还是成长的过程，同时也要看到时代的局限，要开风气之先，不能盛气凌人，每个人都属于其特定的时代。今天有人称我为泰斗，我自认为谈不上、差得很远，并且很多做得不够。时代造就人才，也要选贤任能、推陈出新，观察一个人要全面，不能总看缺点，做到这一步也比较难。社会进步要给人发展的宽松氛围，推举新人要有“爱才”之心，多发掘人才。

自从 1946 到清华，协助梁先生创办建筑系，留美两年，“文革” 10 年，25 年的行政，此外一直是教师，令我欣慰的是，截至 2011 年，清华大

AIA MEMO JANUARY 1990/9

AWARDS

AIA selects 12 architects for Honorary Fellowship

❑ **Kiril L. Doytchev,** Sofia, leading educator, writer, inventor, and principal designer of not only Bulgaria's health care delivery system but also major medical facilities from East Berlin to Vietnam;
❑ **Dato I. Hisham Albakri,** Kuala Lumpur, president of the 31-nation Commonwealth Association of Architects, whose inspiration and design talents have helped his nation

Bonaventura and La Cite) and in making modernism into a language that is expressive, contextual, and symbiotic."
❑ **Wu Lianyong,** Beijing, cited as one of "the pioneers of architecture and urban planning in modern China," a distinguished architectural educator (professor at Tsinghua University), renowned watercolor painter, and prolific author.

1990 年获美国建筑师协会"荣誉资深会员称号"
被评价为"新中国建筑与城市规划的先行者和杰出的建筑教育家"

学建筑学院培养院士 8 人，建筑大师 8 人，世界知名建筑学院院长和终身教授 10 人，国家和省部级设计单位院长、总建筑师、总规划师 30 人，以及省部级领导 25 人，我也培养了 89 名博士和硕士研究生。作为教师，我很爱才，特别是对优秀学生，对他们的能力和思想，或者对他的业务达到的境界特别欣赏，带有才的学生本身也是一种享受，教学相长，从学生身上也能得到启发。我常常自省，感觉自己治学还是努力的，虽然"中等智商"，但学习专业之后，有些方面也感觉到有些小聪明，有点自信，但是我始终坚信，作为教师要求自己应该是德才兼备的，作为学生也应该德才兼备。要求学生做到的，自己应该也能做到。在我的学生中，不少学生有才，这当然是非常好的，我也欣赏，但是相对讲起来，有的，或者少数，要说德才兼备还是不够的，如果没有"德"，"才能"可以发挥，但终究会受到限制。一个人若是小肚鸡肠的性格，即使已处于领导岗位也成不了大事。我的学生里面也有骄傲自满的，有了些成绩，老师也不看在眼里。我就担心他会犯错误，学生犯了错误，我很心痛。过去大批判的时候，我被批判爱“才不重德”，其实我心目中是重德的。“德”也包括很多方面，爱国家、爱党、爱人民事业、爱专业，等等。“德”的培养也是要不断深入、提高的，我常常提到要“器宇宽宏”（古罗马维特鲁威语），既是德的目标，也是专业的目标，宽广的胸怀都能把人带到更高的境界。随着年龄增大、阅历增多，我越来越坚信德才兼备的重要性，我也将其作为要求教师和同学的基本目标。我相信，越是有成就的学生，做出的成绩不一定完全在才，还要有一定的“德”。年近九十，也是人生体悟之一，这是律己的基本要求之一。“君子爱人以德”是处理人事的一条重要原则。

张载云“必尽人之才而不误人”，教育要“一把钥匙开一把锁”，因材施教。要鼓励学生积极学习，培养宏大志趣，不仅“学会”而且要“会学”，通过自己的领会使得学习的境界上升，自觉领会知识的“系统性”与“逻辑性”。如果能通过观察问题、分析问题对问题的解决有所建树，形成自己的知识体系，最终建立自己的知识体系，就可算学有所成。

第三篇

进军科学

第八章　建筑学要走向科学

改革开放的洪流重新焕发了我的学术和事业激情。“文革”后期，当时城市规划教研组我及朱自煊教授较早对北京市全域发展以及分片区组合方式进行规划研究。这可以说是“文革”结束初期的第一项规划研究，发表《北京市规划刍议》[1]，并进而开展“什刹海规划”等一系列研究工作。

“文革”中我有过长时期的学术理论问题的困扰，1970 年代中参与到一定的规划设计实践中。改革开放初期又有墨美之行与西欧之旅，得以“唤醒”我早年留学的收获，并得以看到西方二三十年的发展。自德归国后，又成为“文革”后中国科学院授予的第一批“学部委员”。这一切都促使我有一种强大的学术使命感，获得了“**建筑学要走向科学**”的感悟！

1984 年，我正式卸去建筑系的行政职务，创建建筑与城市研究所，半个房间，一张桌子，两把椅子，创业维艰，我与大学毕业的杨志中以及硕士研究生数人全力开展科学研究。1989 年，出版《广义建筑学》；1987—1990 年间完成菊儿胡同 41 号院工程；1993 年正式提出“人居环境科学”；1998—1999 年主持撰写国际建协《北京宪章》；2001 年《人居环境科学导论》正式出版。这些对我来说的主要学术成果基本都是在

1　清华大学建筑工程系建筑历史教研组 . 建筑史论文集 第三辑 [M]. 1979.

1980 年代初到 1990 年代末之间的"黄金二十年"完成的，是我学术人生第三阶段的"爬坡"过程，这是很值得怀念的。2008 年武廷海同志有《吴良镛先生人居环境学术思想》[1] 一文做了系统梳理。

科学大会的启示：建筑必须要走科学道路

从 1970 年代后期开始，我有机会参加一些实践，因为理性地认识到作为教育工作者，一刻也不能脱离实践之至理。后来墨美之行、西欧之旅乃至丝路考察，结识了学术大师，了解到世界学术的方向，开拓了对西方、东亚建筑的视野，在思想上是一大解放。

1981 年在西德访问归来之时，我获知被增选为"文革"后首批中国科学院学部委员(后称院士)。回国之后的六七月间,中国科学院召开"文革"后的第一次学部大会，杨廷宝先生与我参加，从学部会议的大会精神和众多发言中，我深刻感受到**"建筑必须要走科学道路"**，这也是墨美之行与西欧之旅获得的总体感受。虽然当时对此认识仍较模糊，但是前进的道路似进一步明确，也更加认识到了肩上学术责任的加重。

回头来看，这点顿悟来之不易，是从一系列点滴启示中逐步形成的，也难能可贵，引领了我此后几十年的事业方向。

当时中科院技术科学部成立了建筑组，刘恢先院士任组长（因为杨廷宝先生年事已高，且在南京，所以未请他出任），我任副组长，林志群为秘书，足见林早就得到刘恢先院士的赏识。当时按约定的计划，1983 在长春召开技术科学部的第一次全体学术报告会，我与林志群以及后来闻讯主动加入的周干峙,研究起草当时建筑类的学术报告。我们运用"建

1　武廷海．吴良镛先生人居环境学术思想 [J]. 城市与区域规划研究，2008,（02）: 233-268.

筑－环境”的观念（开始把建筑与环境结合起来，直到后来发展为人居环境），主要是针对当时的一些建设情况，希望将“建筑环境”和“城市规划”结合在一起，找寻建筑学科发展的大方向。经过相当一段时间的准备，最后形成了《住房－环境－城乡规划》学术报告，我在会议上宣读了报告。这是“文革”后第一次对国际学术动态做了一次巡礼，对中国城市建设的关键问题进行探索，报告反映还是很好的，可惜由于当时应用了一些内部材料，按规定不能公开发表，但缩写本还是在《中国科学》刊载。在当时未必如今天看待这个问题这么自觉，这个对我、周干峙、林志群等个人学术思想的发展，还是起到了积极作用。

10 年后的 1993 年，在中国科学院技术科学部主任师昌绪的邀约下，我再一次邀请周、林二位合作撰写科学院的报告。这个时候，林志群同志因病住院，但当时的健康情况还是比较好的，有一段集中的时间，他非常兴奋地接受了我们第二次的合作任务，大家就定期在医院碰头。当时正好是世界环发大会在里约热内卢召开的第二年。世界环发大会提出了一个重要的白皮书，那就是《21 世纪议程》，其中涉及了对建筑业的重视和对未来发展方向的建议，因此很好地促进了我们对全世界的了解和对中国问题的深入思考。最终，我们以“**我国建筑事业的今天和明天——人居环境学**”为题，**继续对中国建筑业存在的问题和战略方向做了一定的探索，而且感觉对建筑与环境的发展探讨，时机已较成熟，人居环境科学就是我们三人共同领悟下，我对论文所做的结论语**，后来起了相当的影响。

特别值得一提的是，林志群同志是在住院期间集中精力写第二篇文章，他还特意从医院出来坐在主席台上参加了这次学术报告。但不幸的是，在这一次报告之后，他因医院误诊病故，每次念及此事，都感到十

林志群

与周干峙西藏调查

分哀伤。忆及1951年初，我参加了当时清华建筑系学生的设计评图，题目是“清华荒岛建筑系馆的设计方案”。其中，林志群的方案以其简洁、理性、严谨，显得很突出，也引起了我的注意。他的方案布局至今我还能大致记得，这是他给我的第一个印象。不久后，他到我所住的工字厅宿舍来，希望我能指导他的毕业论文，我欣然同意了，可是由于抗美援朝运动日紧，未能真正入手。后来又因建校等工作，我们的接触就更多了。在他毕业时，系里的毕业分配组约我参与意见。当时中国科学院正在酝酿中，大家对这个科学机构有很大的期待，就推荐他赴该院，也就决定了他以后的工作和成长，包括科学发展的道路。他也不负众望，做了很多有价值的贡献，例如筹建中国科学院的基建以及哈尔滨力学所等。他的工作都属于科学技术组织、研究科技政策等；改革开放之后，他又到建设部工作，一度在科技司，经常出访，出于工作任务的需要和他专业研究的发展，他所从事以今天所谓的“软科学”为多，事实上长期以来，是在探索中国建筑学术发展的方向。现在我们面临了更多的大量的科学技术方向上的难题，特别是居住问题，我不时地想起如果志群健在，他会作出更多贡献，围绕居住环境发表更多的文章，推进我们这个领域的研究。

行文至此，如鲠在喉，林志群、周干峙两位挚友不幸先后离世，回忆往事，敬献以心香。

国内外学术思想与实践的启发：中西交融

一、墨美之行

“文革”结束后，各项工作逐步走上正轨。此后不久，1978 年国际建协在墨西哥召开第 13 次世界建筑师大会，题为“建筑与国家发展”，强调建筑要反映社会的需要和民众的居住需求。初恢复会务活动的中国建筑学会派我作为副团长参会。当时我为了大会写了一篇文章，介绍中国情况，应会议主持者的积极要求，我把文章的主要内容在会上宣读，反响良好。我还代表中国建筑学界出席 Paravola 大学建校 400 周年校庆致辞，并参观该校建筑系展览。

在墨西哥之后，应当时美国女建筑师学会（现已解散）之邀（这是在中美建交前的特别邀请），我们接着访问美国纽约与波士顿。这一次访问对我很有启发，结识了当时对中国有好感的学者，如建筑家孙鹏程（国民党将军孙元良之子）及后为美国罗马学院院长的 Adala Chatield Taylor 等，接待方组织了参观哈佛大学、麻省理工学院，并与当地的建筑学者就当时建筑文化保护、建筑与科学文化发展等问题进行了学术交流，聆听到“文革”后被封闭了的世界建筑信息，如对文物建筑保护的重视、对太阳能的利用和科学进展，以及对过去知名建筑大师的再评价等科学论点，颇有启发。

墨、美归来，正适《世界建筑》创刊，我为之撰写《墨美之行》，并写了题为《研究国情,了解世界,探讨规律》的文章作为创刊号的发刊词。墨美之行对我1970年代后期的学术进程有很大促进。我带回来了前一年(1977年)通过的《马丘比丘宪章》,陈占祥见后如获至宝,立刻翻译出来。接着我去了阔别28年的美国,填补了因"文革"导致的国际建筑思潮的真空。也就是自美回国的这一年,我国第一次接受美国建筑学会的建筑学者代表团访华。团长是波兰裔,我在机场接风时才发现他是在沙里宁事务所的熟人,他当时为美国明尼苏达大学建筑学院院长,也是《马丘比丘宪章》的主要起草人,故友新交自是一番激动,我邀请他来清华做演讲,他传递给我的印象主要在能源的节约与面向实际的新的建筑技术发展的种种新的理念。

二、西欧之旅

墨、美之行回来之后,对外友协邀请庞大的代表团访华,1979年,美国学者凯文·林奇(Kevin Lynch)一行来中国。当访问清华时,我把一些中国古代城市的历史图给他看,他看到在"文革"之后有学者能对中国城市作如此多工作,颇为欣赏。张维教授亦对此非常嘉许,后借西德文化部邀请的机会,推荐我去西德讲学。张维和夫人陆士嘉教授是在1946年清华从云南迁回北京后从德国来清华的,对于他们的帮助与推荐我一直心怀感激。

1980—1981年期间,我在德国卡塞尔大学建筑、城市、园林及应用社会学等系作联合讲座。在赴德准备的过程中,方知我是"文革"后被邀出国讲学的第一批学者,必须在短期内认真准备。我将主题定为《中国城市与建筑》共10讲,从历史讲到现代,以适应四个系的需要,讲课终了,德方将我部分讲稿用英文出版,即《中国古代城市规划史纲》(*A*

1981 德国卡塞尔大学个人画展（左：卡塞尔大学城市与园林系主任 L.Burckhardt；右：卡塞尔大学校长 Von weizsäcker）

英文版《中国古代城市规划史纲》书影

Brief History of Ancient Chinese City Planning）一书。由于当时清华大学希望我将讲学日程缩短，尽快回国，以应付新的改革开放要求，故而我未能将全稿出版，现在思之是一失策，但无论如何为我的后续研究打好了基础。

在这次旅德期间，我顺便走访了东德、英国、意大利、法国、瑞士，对向往已久的西欧算是有一个走马观花的粗线条的了解。我从 1955 年参加国际建协第 4 届大会后一直未去过西欧，它在西方城市史上是如此重要，西欧之行可以说是必要的补课。在此过程中，我尽可能地以城市中心区、历史名胜地为目的地，我最关心的还是一些建筑名校及他们的建筑教育情况。我回国后应当时作为政协委员的郑孝燮之约，在全国政协

卡塞尔大学芸窗俯视（1981 年绘）

城市组做过关于西欧名城保护的报告，并发表了一篇关于建筑教育的文章。[1]

这次欧洲之行，我还结识了众多与我专业相关的学术大师，包括剑桥大学的李约瑟（Joseph Needham）、Sandy Wilson、Louis Bulcahard、慕尼黑大学的阿尔伯斯（Gerd Albers）教授，等等。他们的业绩学术造诣、治学精神给予我莫大启迪，如李约瑟，在他生前我三次拜谒，第一次在他下午茶后，他谈到与梁先生的友谊及旅华收获等，超出他一般茶余接待谈话的时间。顺便一提的是，20 世纪末，李约瑟要筹建新的研究所，我恰巧遇到为他布置园林的德国建筑师豪斯曼，得知李约瑟希望能有一尊中国的假山石。我告知中国科学院周光召院长，特为他找到一块北京被拆除的叠石，以中国科学院的名义送给他。李约瑟当然极为高兴，未想到后来他和他的前夫人及鲁桂珍女士就安息在这块假山石旁。我与武廷海教授第四次亲临其地，就在这尊中国假山石“墓碑”前，对这位热爱中华科学文化、以大半生的经历奉献传承中国文化的大师默默地致以崇高的敬意。

1　他山之石可以攻玉——中西欧建筑教育巡礼 [J]. 建筑研究通讯，1981(04).

威尼斯叹桥（1981 年绘）

1991 年在剑桥李约瑟研究所拜访李约瑟先生

李约瑟研究所门前的假山石

三、中国文化书院

“文革”后，对我启发极大的几件事，除了墨美之行与西欧之旅，不能略去“中国文化书院”。我对这个书院感兴趣，听了一些文化名人如梁漱溟的报告，认识了一些人，如社长汤一介、季羡林、周一良等，了解到当时文化敏感的问题和文化动向。2009 年，季羡林主编“东方文化集成”丛书，我曾经应邀出版《中国建筑与城市文化》。

四、新疆丝路与海上丝路的考察

1981 年，阿卡汉建筑基金会与中国建筑学会组织了一个大型的以“发展中的农村：大地的呼唤”为议题的会议，参加的都是国际知名建筑师及学者，例如埃及知名建筑师哈桑·法赛、印度建筑师柯利亚以及亚洲一些已经初露锋芒的建筑师，如马来西亚的杨经文、新加坡的林少

西安清真寺（1981 年绘）

天山鸟瞰（1981 年绘）

绘制此画时与任震英大师同机共座

伟等，我也参与其中。会议期间组织我们沿着丝绸之路沿线考察，从北京到西安，参观了西安的清真寺、被挖掘的王陵还有陕西窑洞，经河西四郡再到新疆，又从新疆乌鲁木齐去南疆，参观交河故城和喀什等，最后在喀什召开座谈会。此行关心的重点并不在城市，而在农村，关心村镇建设，农村生活、住房及建筑教育的创新的萌芽。通过在会上与各国建筑师交流，从源自不同文化的思想的碰撞中获得很大启示，大会所关注的建筑的地区性转型、发展本土建筑的潜力的问题也引发了我进一步思考。

特别值得一提的是与一些同行的建筑师的结识。如印度建筑师柯里亚，在一路上他注意到我每到一地，第一作快镜头的摄影，第二用笔记本记录要点，如再有时间，即做速写，对这一方式他颇为赞许。此后，我们在美国共同被邀参加马丁·路德·金纪念堂国际竞赛评审，后来他再度到中国被邀成为清华大学的客座教授，我去印度孟买参观，他及夫人莫妮卡也热情地接待我。柯里亚的学术发展道路从印度的客观条件出发进行创造，也给予我很大的启示。他根据印度特有的自然经济社会条件而创造的“露天建筑”(open to sky architecture)、“管式建筑”(tube architecture)，使我认识到当代印度建筑的创造，再回过头求诸己，领悟到“地区建筑学”的要义，并启发我对祖国建筑道路的探索。我们缔结了终身的友情，1999 年我曾送他一副对联“暮雨朝风和汝共，高山深水与君知”。正当我期待他既定的今年初的访华时，未料突然接到他逝世的噩耗。

丝路之行后，我曾带领一批同学（包括：王蒙徽、金鹰、杨晓辉等）和教师左川等到河西四郡做规划调研，后来又数度带团队考察东南沿海诸城市（包括杭州、温州、福州、泉州等地的调查），并结识厦门大学

印度学者查尔斯·柯里亚受聘为清华大学客座教授

庄为玑教授，对郑和南洋之旅加深了了解，这一段经历提高了我对“一带一路”历史和现实的理解和认识。

从“广义建筑学”起步：从建筑天地走向大千世界

1987 年 8 月 19 日，国家自然科学基金会资助召开“建筑学的未来”学术讨论会，会上议论纷纷、莫衷一是。鉴于这种情况，我在会议上第一次提出心中有所酝酿、但当时尚未成熟的“广义建筑学”的概念。

在此之前，我一直在思考建筑学如何向科学发展的问题。从西德归来之后，我脑子里多年都在持续地对建筑学进行思考。有一次突发灵感：既然建筑学是综合的、是由多方面因素、多种学科组成的，那么为什么不就建筑学的多种因素加以分析、深化，最后加以归纳总结。这样不仅会扩大对建筑学的认识，同时又能对建筑学的核心构想加以提升。经过反复思考，提炼出了若干问题。

开始是“聚居论”的突破。“聚居论”思想的来源是受多种多样的启发凝练而成的概念。1978年去墨西哥参加国际建协召开的主题为“建筑与国家发展”的大会，途中参观了墨西哥人类学博物馆，馆里展览了玛雅早期一个聚居的插图。1983年参观了日本大阪人类学博物馆，里面展出了该地早期农舍的模型，除房子外，还有牲畜、水塘、菜地等，而且两三家相邻，俨然小村落。这就表明人类早期的居住并不光是一两栋房子，而是上面所述的若干要素聚集在一起，人们共同生活，才形成了基本的居住形态。人类学博物馆的参观还使我回想起抗战时在四川农村时经历的景象，同样是一个坝子里有若干个三五成群的林盘，也有田地、水塘，竹林中三五农家的有机聚集形成的聚落。这段时间，我还看到了

陕西临潼姜寨新石器时代聚落（吴良镛绘）

在北京中国历史博物馆展出的中国考古界姜寨聚落发掘情况。姜寨是新石器时期母系社会的遗址，有五组建筑，每组都有一所大房子，大房子下有几个小房子，而五组建筑中间又有一个共同活动的场所。

由此，我感觉到人类从穴居野处到定居，聚居是一个基本的社会现象，随着生产力的提高，社会进化，聚居的形式必然随之而变。

上述一系列现象，零碎的认识促进了我较深入的思考，把错综复杂的历史地理现象形成集中的概念，就是“聚居论”，并将其作为“广义建筑学”的起点。建筑学不只是房子或一组房子的问题了，而是人、建筑、自然、社会等组合在一块形成的社会现象，认识到这应是建筑学的一个核心问题，从这个观念的突破开始，开始进一步的思考。我就想到对一些基本要素加以深入探究能够有助于加深对建筑的认识，于是我就从聚居论开始，将地区、文化、科技、艺术、教育等诸多内容一一加以思考，越写越感觉到有写头、有意义，认识得到深化。

同时，我逐步较深入地理解到建筑不是将诸个要素简单叠加起来就能求解的，而怎样综合构成才是关键，因此方法论尤为重要，借助于中国传统哲学中整体观念、普遍联系等观点，我形成了“广义建筑学”的第十章，即“广义建筑学的构想”。

因此，在 1987 年“建筑学的未来”座谈会，我提出了“广义建筑学”这一概念。当时“十论”虽没有全然完成，但一个新的学术概念呼之欲出。我在会上做了概要性的发言，得到了与会者的好评。会后主管科研的清华副校长倪维斗邀请我在学校里讲一次“广义建筑学的思考”，受到很多肯定，这就鼓励我进一步写下去。

1989 年,《广义建筑学》出版，当时我的夫人姚同珍刚刚学会五笔字型打字，花了很多精力帮我打印书稿。此书出版之后得到多方面的反映。建筑学会组织多位建筑师讨论，与会的包括一些知名建筑学者，都一致肯定这本书，并认为其达到相当高的高度。当时林志群还专门写篇文章评论，并且以书中的一句话“从建筑天地到大千世界”作为文章标题。我还把这本书送张维教授看，张维教授欣然肯定这本书，他还建议我参照某些德国学者常用的做法，将“十论”一一加以深化，形成十本书的系列，这样就能更加深入并且蔚为体系了。这给我很大鼓舞，也是很大的启示。尽管当时的《广义建筑学》只是一本小书，若按照这个框架继续做下去是能发展成为大著的，当然需要付出艰巨的努力。

《广义建筑学》出版，还得到台湾某学者缩写成专文，刊登于台湾《空间》杂志，继之在台湾出版中文繁体字版。《广义建筑学》出版 20 年后，在清华大学出版社又推出新版本，2009 年 10 月我写了“《广义建筑学》20 年”一文。罗马大学前校长巴贝拉教授见到《广义建筑学》一书甚为嘉许，组织力量译成意大利文和英文出版，并写有长序。序中认为这本书**“诞生在中国当代颇为关键的历史时期”，“是中国城市的建筑科学与设计理论发展史上的一座里程碑”；“吴良镛的独创性在于他一直致力于创建、改进和不断更新一种广义的综合设计方法。在此，建筑师的角色被重新定义为区域或城市的物质环境转型不可或缺的指导者。”**（亦即我所说的融贯综合方法）。巴贝拉教授的这些话过于溢美，愧不敢当，但作为对自己的激励则心向往之。

菊儿胡同的试验：建筑实践的火花

1950 年我从美国回国，第二年开始担任北京市都市计划委员会顾问，都委会每周开会，有一次会议的主持人叫我谈一下对北京市保护的意见。我非常重视这个课题，但在当时的情况下对这个题目近乎无从下手，于是去请教林徽因先生。林先生建议我不妨去前门一带去转转，说崇文门街上有许多店铺如“鲁班馆”，是做古典家具的，还有几条胡同很有意思，特别值得一看。这些确使我开阔眼界，1952 年我掌领系务时，以当时币值 2000 元买了十多件古典家具，这就是今天学院一些传统木器的由来。在此之前我脑子里对北京四合院并没有什么特殊的认识，当时也并不存在要拆四合院的问题。经过与林徽因先生的交谈之后，就对其注意了。1946 年初来北京时我曾去协和医院某教授家做客，他家住在王府井附近的多福巷一个典型四合院。我被引入至客房内，由垂花门进入，先进入外院，穿过廊道，再到内院，见识了庭院深深的魅力。还有我造访过的名家陈梦家先生的四合院，当时他从美国回来，写了一本书，就用这本书的稿费买了一个四合院，并命名为“一书斋”。我对四合院及北京传统历史文化以及传统街坊的空间构成的认识，也就一点点地累积起来。

但是，住宅区保护问题在“文革”前的规划实践来看是不受重视的，

1980 年代研究北京旧城菊儿胡同

菊儿胡同鸟瞰图

对四合院的价值也是否定的批判的。到了1978年，我们思考北京在“文革”大混乱后的规划如何作？我和朱自煊开始尝试对北京市的总体规划作探索，相关文章登在1981年的《建筑学报》上。认为北京旧城是一个整体，需要从整体着眼加以保护；要根据现实情况分级分片组合、区别对待地加以保护与发展；当时注意到四合院，以什刹海为案例进行深入研究。什刹海地区南部有很多整齐的宅院、胡同，每家宅院东西相距10~20米（这样可以在占用有限的街巷长度下形成较宽阔的居住空间），南北有好几进院落，每家就都有好几间南北向的房子，通风、日照都比较好，这是很典型的“大街－街坊－胡同－院落”模式，后我称之为“院落体系”。当时我就带领清华大学的研究生组成“什刹海规划小组”进一步研究，理解了“合院体系”的魅力，于是萌生了“新合院体系”的设想。

在什刹海规划中，思想比较明确，认为当时的住宅区道路胡同与四合院的结构体系应该基本保留，新发展要利用原有体系（后称之为城市肌理 urban tissue）；这个地区的房子，有好有坏，宜区别对待，不能一律保护也不能一律拆除新建，宜不同程度改建（后称之为“有机更新”）。对于建筑质量太坏的房子需要拆除的房子，尽可能设计运用“院落体系”（初稿称之为“类四合院”，后简称“新四合院”）。这些构想在什刹海规划中形成了建筑方案（设计是与当时的研究生王亦民等合作而成的）。1981 年我在剑桥大学建筑学院讲演时，介绍了这一方案，得到了该系系主任圣威尔逊教授（St. Wilson）的赞赏（他是大英图书馆设计人，后誉为爵士）。这一项工作不断地在改进，改进的原则与难点是如何提高其密度（F.A.R）使其可与一般单元楼相抗衡，具有可操作性，方案续有进展，但是实践比较缓慢（建议在什刹海某寺院旁实施均未果）。1985 年，在布达佩斯召开的国际会议上送出初步设计的构想。

经过与研究生刘燕等的调研，发现东城菊儿胡同的 41 号院十分破旧，原为一个倾颓的家庙，改建需求紧迫。当时 41 号院住了 44 户人家，但只有一个水龙头和街道公厕，人均住房面积只有 5 平方米左右，超过 80% 的地面覆盖了房子，只有近 20% 的院落空间，院落里还有两棵老树。很快地，我们与东城区政府就把这个院子如何改建提上工作日程。

当时对菊儿胡同 41 号院的设计十分用功。我指导了两组同学做这个工作，在层数上有突破，设计的四合院中有 2 层、3 层，钱学森先生称之为“楼房四合院”，专程来信祝贺。从标准四合院出发，先探索在 2~3 层保证有合理的日照的情况下，追求可以达到最高密度的“**标准的合院**”，设定南北向 3 层楼、东西两边 2 层之后，计算冬至日时的日照条件，使底层的窗台上仍能照到太阳；楼房的四角安置楼梯，楼梯下方就做疒敞布局，使院落间能够形成通风；还保留院子里原有的两棵古树，周边良镛同志：来信早已收到，知道您身体很好并还在辛勤工作。新的一年又降临了，预祝取得更新的成就。

中国传统建筑、中式住宅如何适应现代生活要求是个不太好处理的问题，也是北京老城区改造的大课题。菊儿胡同工程确有新意，既保持了一些民族传统，又吸收了西式住房的优点，还避免了一家一户完全封闭的形式，很有特色。这次得了联合国世界人居奖，是当之无愧的。特向您和同志们祝贺。继续努力探索总结，大有可为。

我从北京市退下来一年了，生活变化不小，超脱多了。出去走了几个省，开阔眼界。时间也宽裕了，读书、散步、活动身体。健康状况也有进步，只是工作上还在学习熟悉中。祝

春节愉快，阖家欢乐

李锡铭 癸酉岁末

前城乡建设环境保护部部长、北京市委书记李锡铭致信吴良镛赞扬菊儿胡同

建筑都围绕这两棵古树布局。在考虑多方面限制条件的基础之上，经过若干轮的探索，在有限的用地面积上安置了最多的住户，而且每家都有自身的厨房与厕所。这套标准四合院方案经过北京有关单位七八次审查，最终得到批准，形成了施工方案。菊儿胡同最终建成后，造价控制在每平方米 500 块钱以内，单据至今我还保存着。

第二年，经过近一年的施工，菊儿胡同建筑已经初具雏形了，深受赞赏，相当数量的与会者认为菊儿胡同就是“古都新貌”。第一期工程完工后，取得多方面好评，旋即开始着手二期，国务院副总理在当时作为一件大事参观访问现场，并发表电视讲话，给予最高的肯定。北京人

在联合国总部受奖

联合国人居奖奖杯

民艺术剧院就以菊儿胡同为蓝本，排了一出剧“旮旯胡同”反映危旧房改造过程中的故事，另一位著名演员黄宗汉编了一出单口相声，亲自在清华大学新年晚会上演出。从此菊儿胡同在民众中间有了很大的影响力。

1993年，英国住房和社会住宅基金会授予“世界人居奖”，该会邀请当届联大主席塞缪尔·因萨纳利（Samuel Insanally）于“世界人居日”在联合国大厦授奖，这也是近代中国建筑作品首次在国际上获取的最高荣誉。世界人居奖对“菊儿胡同”工程的评价是：“**开创了在北京城中心进行城市更新的一种新的途径，传统四合院住宅格局得到保留并加以改进，避免了全部拆除旧城内历史性衰败住宅，同样重要的是，这个工程还探索了一种历史城市中住宅建设集资和规划的新途径。**”我领奖回来之后，国际国内各方面影响非常大，在清华开受奖汇报会时建设部部长叶如棠也驾临了。次年，英国住宅与社会发展基金会组织20多个国家的建筑师来北京做学术旅行（study tour），认为“发展中国家旧城住宅改建探索到一种模式”，为此出版了专门的小册子《北京住宅建设——未来的创新途径》（*Housing in Beijing: Innovative Approaches for*

《北京旧城与菊儿胡同》书影

Rehabilitating the Old City of Beijing 书影

the Future）[1]。国际论坛众多报道，直到 2000 年之后还看到英国《建筑评论》写到菊儿胡同对发展中国家住房建设的借鉴意义。

菊儿胡同试验为什么赢得国际上这样的关注？弗莱彻《世界建筑史》（第 20 版）引入作为近代中国建筑的案例之一，它是在北京历史文化名城这种独特的历史传统模式上，既根据现实居住需求、又善为保护历史名城肌理地创造性探索出来的符合北京传统范式的一种新的可能模式，是“一种可以用来解决中国住房短缺问题的有效、具有文化敏感性的模式。”因此，美国评论认为对东方建筑文化创新有积极的借鉴作用。菊儿胡同第三期设计已经做好，由于后来的住房建设采取容许暴利的开发制度畸形发展，带来了另一种难题，未能推行下去。有批评者因此说它无借鉴意义，“全国不能都像菊儿胡同！”他不理解本项研究的价值是

1 英国房屋与社会住宅基金会 1994 年出版。

在特定历史地段下探讨出的特殊范式下找到的一种创新途径，它因地制宜的设计方法具有普遍意义，而不是亘古不变加以因袭模仿的形式。

菊儿胡同试验取得了很大成功，但也常常有人误解，以为由于吴某某学术声誉较高，办起事情来容易，实际情况并非如此，整个设计前后审查了约 8 次。其中合理的意见，我都认真听取，如果说有什么可以总结的话，那就是：第一，从事一项工程就要发掘出一些特点，“杀鸡用牛刀”，必须投入和付出超一般的时间和精力。第二，只要认准方向，就要不断谋求改进。这一试验从 1978 年什刹海规划算起，断续约十年的工夫，实际着手菊儿胡同项目时，从设计思想到方法都是有所改进。

历史建筑的保护不是僵化的一成不变，而是要随情况变化、创造、发展。菊儿胡同项目强调的是保护城市的肌理，要保护好环境特色（古树、保存完好的传统建筑等），而且要提高物质设施，满足今日之生活需要，在允许的条件下尽可能地提高容积率。一处两千多平方米的住宅群能得到许多奖项，在于它创造性的综合的克服许多关键的技术原则。不能误认为这仅是一种建筑形式，形式的发展是要根据所在环境情况来创造的。指明这一点，不是在于自我标榜，而在于匡正一般的曲解，就是说文物保护也必须建立在创造性的研究工作的基础上。

1994 年《北京旧城与菊儿胡同》一书出版，1999 年又与加拿大英属哥伦比亚大学（University of British Columbia）合作出版了英文版 *Rehabilitating the Old City of Beijing*。

多少年过去了，这些年我也没有去菊儿胡同探望那些熟识的住户，那些奖项一类的堆在屋角，还会常常记起参与工作的卓有贡献的一些伙伴：卢连生、刘文杰、刘燕、何红雨、高晓路等以及当时遇到的难题。

回溯菊儿胡同的工作，不忘1950年与林徽因先生的那次关于胡同的交谈对我的启发意义。“学莫便乎近其人”，在学术大师的启发下，循此探索，融贯研究，终有所得。

第九章　人居环境科学应运而生

“改革是由倒逼而产生的”，回顾人居科学思想的产生，也正验证了这句话。它是以现实问题为导向而产生的，即从中国建设的实际出发，以问题为中心，主动地从所涉及的主要的相关学科中吸取智慧，有意识地寻找城乡人居环境发展的“新范式”（paradigm），不断地推进学术的发展。可以说，任何层面上的真正的研究，都是在利用一切知识与学术财富，解决共同关心的问题的同时，积累学术、发展共同的知识系统，即“提出问题－努力求解”。

世界人居进展与启发

人类聚居建设是关系到人类生存发展的一个基本问题，早已引起了世界范围的共同关注。1972 年，联合国在斯德哥尔摩召开“人类环境”大会，113 个国家代表和有关团体参加了会议。这是人类历史上第一次将环境问题纳入世界各国政府和国际政治议程，共同讨论人类和地球的影响。会议最终就人类必须保护环境达成共识,发表了“人类环境宣言”。1976 年联合国在温哥华召开的“人类住区”大会提出可持续发展，是人居环境建设的一件大事。当时世界人居学会（World Society of Ekistics, WSE）主席 B. Fuller 将道萨迪亚斯的五本红皮著作赠送大会。1978 年联合国在肯尼亚内罗毕设立了人居中心（UN-CHS）。

1992年联合国在里约热内卢召开了“地球高峰会议”，会议公布了“里约环境与发展宣言”、“21世纪议程”，可持续发展得到最广泛的、最高级别的承诺，并获得国内有关部门及学术界的重视，其中有专门一项“人类住区环境建设”，提出8个要点[1]。我惊奇地发现，从人类住区的需求来谈，它将建筑的观念放宽了，我逐渐认识到这些材料，深受启发。中国还拟定了《中国21世纪议程》。它使我回想起梁思成先生一直不满“建筑”一词（他说这是20世纪早期沿用日本对“architecture”的译法），他将“建筑系”改为“营建系”，并在1949年7月10日《文汇报》发表“清华大学营建学系学制及学程计划草案”就是想以觅取具有比较宽阔内涵的中国传统名词来加以替代。我们在看到“21世纪议程”的材料时，就感觉到多少年来我们的建筑、建筑业的观念总体上并不十分明确，而这些材料提供了较为基本且完整的诠释。

1993年，应中国科学院技术科学部主任师昌绪院士邀请我在学部作学术报告，我和林志群（当时抱病在医院中工作）、周干峙对此进行了准备，我们认为“地球高峰会议”已经推广了建筑学的内涵，这新的时代也应该对建筑有新的看法。因此在该文章差不多定稿之时，林志群提出要不要在这里提出关于建筑方面新概念的讨论，我说已经有了，对“人居环境科学”已有所思考，此时可以提出来了，以此对中国建筑与城镇

1　促进人类住区可持续发展的八个方面：为全体人民提供足够的住宅；改善人类住区环境的经营管理（包括规划、建设……）；推动能持续发展的土地利用规划与经营管理；推动为居民提供配套的环境基础设施；为人类住区环境提供能持续发展的能源系统与交通系统；推动灾害易发地区的人类住区的环境的规划与经营管理；推动能持续发展的建筑工业活动；推动能为人类住区环境所必须的人才资源与能力塑造。

发展的方向进行明确的号召，遂最后连夜加进了一段，提出**“中国要向人居环境学进军”**，成为这篇文章的结语。事后我问起师昌绪老，他告诉我这一讲演得到罗沛霖的肯定，我深以为荣。会后有多家媒体参加，其中《中国科学报》的记者听了我们的报告之后，认为提出的观点非常重要，因此在该报头版头条刊发了名为“要走向人居环境科学”的报道。

科学界的反响引起清华大学校领导和有关教师的注意。1994 年，在“三堡”召开的学校暑期干部会上就讨论认为应当成立校一级的“人居环境研究中心”，在张孝文、方惠坚等校领导主持下，会议结束之后将这个意见告诉我，我心怀慎重，说需要思考。在一年之后，心中较有成竹，下定决心成立“人居环境研究中心”。

在 1995 年 11 月即将召开“清华大学人居环境研究中心”成立会议前几天的一个傍晚，我写完了发言稿，重点阐述“为什么要成立这个中心”的问题。写完之后，还有一点时间，就去我当时的博士研究生朱文一（后 2004—2012 年任建筑学院院长）宿舍了解他博士论文的进展，相谈甚欢。出来正是下班时间，我为了躲避迎面而来的急速车辆，自行车急刹车倒地起不来，躺在学校北区的校卫队门房中。左川赶来送到积水潭医院，诊断为左腿股骨胫骨断。因此第二天会议上就请毛其智同志代为宣读这篇文章，会议宣告了“人居环境研究中心”的成立。

“人居环境研究中心”成立之后，我们的人居环境研究进入了新的阶段，即开始把注意力放在广泛地去思考人居环境的问题。在这过程中，我对国际国内学术界持续保持关注，课题的实践、理论的视野逐步展拓，并开始意识到一个学术团队的学术活动不能没有理论的支撑，零碎的体验和学习心得不能就简单地叠加为理论。于是开始逐步将过去涉及的人居环境研究有关理论应作系统的梳理。这时候我着手写《人居环境科学导论》，把人居环境学术思想，包括人居环境科学的缘由与探索、释义、框架、方法论（开放的复杂巨系统求解的尝试）、规划与设计论、科学与教育、实践等进行了初步的、系统的探索。

筹备UIA第20次世界建筑师大会

1953年，中国建筑学会初创，梁先生起到很大的作用，1955年中国建筑学会加入了国际建筑师协会（UIA），这是新中国成立后最早被国际上认可的学术组织。学会成立初期，主要是探索中国建筑的道路，直到后来梁思成建筑思想的批判，一度存在困惑。

1987年，在爱尔兰首都都柏林召开UIA常务理事会，决定更换亚澳区主席（原为澳大利亚人），原建协副主席与执行局问我是否愿意接替。此前，就曾向我示意，我请示建设部廉仲常务副部长，他说“就是当裤子也支持”。结果，我以最大票数当选。担任副主席期间，我参与到国际建协的事务，接触面比较广，希腊的斯古塔斯（Vassilis Sgoutas，1999—2002年任国际建协主席）就是在那时候认识的。后参与建协活动去过西欧、东南亚、澳洲、非洲，以及拉丁美洲、墨西哥等，这样对地区建筑渐渐有了有综合的了解，这也奠定了后来提出“地区建筑学”的部分理论基础。再后来，建设部负责人周干峙、叶如棠等先后接替我在国际建协的职务，我就卸任。

1996年，国际建协授予我屈米奖（教育评论奖），当时我在人居环境研究中心成立前骨折的左腿经过半年的诊治，尽管有些步履蹒跚，但已开始步行。6月，我在庄惟敏同志的陪同下赴巴塞罗纳，在国际建协第19次世界建筑师大会上领取这一奖项。

国际建协1999年在北京开第20次大会，委任我为大会学术委员会

1996 年在西班牙巴塞罗纳被授予国际建协教育评论奖（屈米奖）

主席，起草大会宣言，我才又参加了一段国际建协的工作。国际建协每3 年召开一次大会，中国建筑学会经过若干届的争取终于在 1993 年获得了主办权。1999 年 6 月，国际建筑师协会在北京召开第 20 届世界建筑师大会，因为正处世纪之交，会议主题定为“21 世纪的建筑学”。无论从国际建筑史还是世纪之交建筑学发展的转折观点来看，这都是一次十分重要的会议，我正式接手是在 1997—1998 年间，那时建筑学会筹备此事已经约半年了。1997 年 4 月，国际建协执行局即将检查工作，由于种种原因学会才将委任告诉我，我对于接手与否十分犹豫，跳不跳这个“火坑”呢？因为当时时间已十分紧迫。犹豫再三，我想到毕竟由我们国家举办世界建筑师大会十分不容易，而我 1987—1991 年曾担任过国际建协副主席和亚澳区主席，对国际建协以及世界建筑界还是比较熟悉，因此最终还是决定“跳了”。这在近 20 年后的今天回忆起来，这个“跳火坑”的决心还是应该的。中国建筑学会任命我作为科学委员会的主席负责筹备大会，接手的第一件事是迎接国际建协执行局国际建协主席莎拉女士来检查工作，时间是在我接手大会科学委员会仅一周之后。面对国际建协执行局的时候，我提出了一套设想，包括对会议日程的可能安排和科学议题的打算，表现得似乎比较胸有成竹，其实心中暗自打鼓，最后幸得国际建协十分认可。检查过后，当时中国建筑学会的一位工作人员就说："今天太感谢你了，把我们的困境解决了。"

执行局检查之后，在建筑学会叶如棠理事长（1985—1991 年任部长，1991—2001 年任副部长）的亲自督导下，就积极着手筹备。明确科学委员会、建筑学会以及建设部等各自的任务，成立了科学委员会与经济委员会，等等。我作为科学委员会主席请毛其智同志为秘书长，首先要决定邀请哪些人来做报告、日程如何、会议总报告等；其他相应的经费问题等，由当时的建设部、中国建筑学会负责。

1999 年在北京第 20 届国际建协大会与当届主席莎拉（Sara Topelson de Grinberg）女士合影

首先确定了由两人作主旨报告，一个是由美国学者哥伦比亚大学教授肯尼斯·弗莱普顿（Kenneth Frampton）作的“千年七题：一个不合时宜的宣言”，另一个是我作的“世纪之交展望建筑学的未来”。

在筹备会上、安排会议各项议程时，我曾提出一个建议，就是既然会议在中国开，就应该让中国的建筑师、包括是年青建筑师能够从中多有收获，这个想法得到了建筑学会理事长叶如棠的支持。首先，在安排大会专题报告的时候，除了四位西方人士外，特意并行安排了四组中国青年学者的主旨报告，分别是清华大学的朱文一（曾任清华大学建筑学院院长）、同济大学的吴志强（现为同济大学副校长）、东南大学的仲德崑（现为深圳大学建筑学院院长）、天津大学的曾坚（曾任天津大学建筑学院院长）。四组中国学者分别来自国内四所著名的建筑院校，当时都十分年轻，在如此大的舞台上做报告，对他们日后的成长也是有益的经历。其次，按照惯例，每次大会要安排国际大学生设计竞赛以及学者、嘉宾

做大会主旨报告

进行参观讲演，将设计竞赛任务与地点安排在西安建筑科技大学，同时让部分参会学者在西安建筑科技大学作讲演，并将学生交流安排在清华大学。再次，编辑《20 世纪世界建筑精品集锦》，由肯尼斯·弗莱普顿与建筑学会张钦楠主编，这也是国际建协少有的大工程，依靠张钦楠卓越的才能和努力，得以及时出版。总之，在北京召开的第 20 届建筑师大会在急促的筹备中我们付出了极大的努力，也得到预料不到的效果和多数会员国的盛赞。

起草《北京宪章》

国际建协第 20 届建筑师大会的一项核心的文献工作是起草“北京宣言”。由于清华大学建筑与城市研究所酝酿成立期间，我们对国内外建筑发展理论作了积极探索，我参与了国际建协会务后，对世界建筑趋势比较自觉地加以关注，因此我们准备了相当多的资料素材（部分可见于《建筑学的未来》）。在成文过程中不断精简、压缩，最终形成了提交大会讨论通过的版本。在大会召开前半年，国际建协执行局再一次来到北京审查工作，我将“宣言”的草本交与会学者评阅，一致认为切合当前问题、内容翔实、理论与实践探讨结合紧密。来自马来西亚的建筑师杨经文、大会主席萨拉、秘书长斯古塔斯等深加赞赏，认为甚至可以作为国际建筑师协会的“宪章”，而非一般“宣言”。[1] 他们的提议得到了国际建协执行局的一致通过，因此从这次执行局会议开始，这一重要文件的定名就确定为国际建协《北京宪章》。1999 年 6 月，第 20 届世界建筑师大会正式召开，国际建协主席萨拉主持，由我宣读《北京宪章（草

1 国际建协历届的“宣言”（decalaration）多较短，约一页纸，申述切合时宜的某一重要观点或主张，而“宪章”（charter）是集中体现人们思考的庄严形式。

案）》，获得了与会代表的一致通过。这也是国际建协到今天为止仅有的一份宪章。

《北京宪章》书影

《北京宪章》包含四部分内容。第一，我们怎么认识时代？20 世纪是一个“大发展”与“大破坏”、又面临着向 21 世纪“大转折”的时代。第二，直面新的挑战。我们面临着包括“大自然的报复”“混乱的城市化”“技术双刃剑”“建筑魂的失色”等复杂问题，需要对未来作出共同的选择。第三，对未来建筑学的探讨，走向“广义建筑学”。包括将建筑、地景、城市规划作为整体来看待，考虑建筑学的循环体系，植根于地方文化的多层次技术建构，和而不同的建筑文化，全社会的建筑学，全方位的建筑教育、广义建筑学的方法论等。这样就将“广义建筑学”与“人居环境”的思想都明确地在“宪章”中提出，阐明建筑学的发展方向。最后，以中国哲学——如**“一致百虑，殊途同归”**[1]——来阐析世界问题。此外，我在大会的主旨报告中还体现出中心思想：完整建筑学的发展要跟和谐社会共同创造（这一中心思想在人居环境科学中不断发展，并且在后来“云浮共识”中已经得到进一步推广）。

1 “天下一致而百虑，同归而殊途。”——《易·系辞下》。

《北京宪章》以国际建协规定的4种官方语言（英语、法语、俄语、西班牙语）发表，一年之后，中文书名为《国际建协〈北京宪章〉——建筑学的未来》出版，并分发至建协有关各界。

在会议结束后不久，当时的国际建协秘书长（后任的主席）斯古塔斯先生和我谈起，希望我继《北京宪章》之后，将这一工作延续下去，在接下来的三年中对《北京宪章》提出的某些要点加以推动、贯彻，他建议将此行动命名为“北京之路”，我在他的建议下将这个设想作为下届代表大会中国建筑学会的提案并得到通过。此后我就未再参与国际建协的事务。

从人类发展的历程看，对未来的发展寄予期望的文件多多，近代建筑事业的发展能作为纲领性文件的是1933年的《雅典宪章》，以及44年后的1977年在拉丁美洲印加通过的《马丘比丘宪章》，22年后的1999年在北京产生的《北京宪章》，也是迄今为止国际建筑百年来非常重要的宪章，可惜这一文献在国内建筑理论界未给予足够的重视。在全球风云变幻的今天，结合世界建筑发展的趋势，我希望对该文件再作一次历史评价。

最后我想补充一点，担任第20届世界建筑师大会，科委会主席，是临时加给我的任务，大会“宣言”（如前所述，后因肯定它的文化价值被更名为“宪章”）是一项重要任务，而为承办这次大会研究所已难于再协调人力从事宣言的起草，于是我自己动手，请我的研究生、地理学专业出身的武廷海同志协助我执笔[1]。每日清早我将昨晚我拟好的草稿交给他，傍晚他将加工之后的稿子交给我，夜晚我继续凿磨，这样直到

1　起草《北京宪章》时，武廷海是即将毕业的博士生。现为清华大学建筑学院教授，建筑与城市研究所副所长，从此开始，多年来我们开展了多方面的合作。

定稿交结。会前得到执行局的审批，《北京宪章》被认为是国际建协第20次大会的成就之一，其中诠释《建筑学的未来》等涵盖了建筑与城市研究所的学术进展。

出版《人居环境科学导论》

2001年，我出版《人居环境科学导论》，这是改革开放以来理论与实践的综合集成，由周干峙作序。这本书的出版不仅使清华大学人居环境研究中心的工作在理论上进了一步，还引起了国际国内的关注。中国人居环境理论思想与早期希腊的探索保持独立与差异，既曾受到道氏的启发，又结合中国情况对理论与实践作了创新，并独树一帜。

关于道氏的学说，我在1981年在西德接触他的论著，未加深究。1980年代中期，我与日本学者长岛孝一及其夫人认识，他们是道萨迪亚斯（C. A. Doxiadis）的学生，在他家中，对道氏学术思想追行交流，并翻阅他的一些文献，还和道氏手创的希腊世界人类聚居学会(World Society of Ekistics，WSE）秘书长Panayis Psomopoulos先生初步结识。后来，我即建议我指导的建筑与城市研究所研究生章肖明以道氏学说为内容作硕士论文，最终完成《道萨迪亚斯与人类聚居学》。这是根据当时所掌握的材料，在我国第一次对道氏学说进行探讨，原本希

《人居环境科学导论》书影

望他能将论文展拓成书出版，因他赴美学习而未能实现。在章肖明论文的基础上，根据后来陆续收集的材料，特别是对 1963—1973 年人类聚居学会每年一度的“台劳斯宣言”进行系统整理，进一步请博士研究生武廷海、刘健、梁伟、林文棋等充实，完整介绍“人类聚居学”。这些内容后来收入《人居环境科学导论》,成为该书的下篇。《人居环境科学导论》上篇原本是为“人类聚居学”写的一篇书序，写完后一发而不可收，经不断扩写，遂成《人居环境科学导论》一书的主体。后来，又陆续出版《人居环境科学研究进展》《明日之人居》等，说明人居环境科学理论与中国实践基础相伴而发展。

《人居环境科学导论》一书可以说是清华大学对当时人居科学思想的一个汇编，因为当时道氏学术思想在中国流行不多，国内对联合国人居署、人居思想吸收不够，重视不足，在人居环境研究中心成立之后，团队成员积极参与，才能完成。

著述《中国人居史》

由于生活经历与恩师的熏陶，我少时即初具对文化的爱好与修养。“文革”后逐渐对本土文化持有文化自觉的意识、文化自尊的态度、文化自强的精神。借助赴国外讲学的机会，对中国古代城市与建筑文化有所整理，粗具雏形，随着人居科学思想逐步形成。待 21 世纪初《人居环境科学导论》书成后，逐步感到研究中国人居史的必要。当中国哲学史界讨论到冯友兰“抽象继承”时,我也曾借鉴这一思想议论建筑创作的“抽象继承”与“迁象妙得”问题。继之，逐步领悟到如果不对古代人居史的内容有一定具体了解，何能抽象继承？如不对人居环境的发展规律有所认识如何能作到继承与创新，达到迁象妙得的境界？当学术界从“与西方接轨”走向盲目崇拜西方时，我愈感到中国人居史编写的必要性。

人居史的研究经历了一个长期的酝酿过程。从1981年春起，我先后三次在英国拜谒李约瑟研究所，在他身后，2001年我第四次拜访，感受颇深。1988年，我利用在美国伯克利大学（University of California Berkeley）应院长Richard Bender之邀任客座教授的机会，将各个大学（包括MIT、Harvard、UC Berkeley等）所藏资料进行搜集与积累。同时，国内的研究与实践中也有许多让我眼前一亮的地方，各地城市不同的历史特色，古代志书中的种种发现，等等，真让人感到其中“别有天地”。这些方方面面的因素都促使我认识到仅单独研究城市史、建筑史、园林史是不够的，要进行综合融贯的“人居史”研究。

最初的工作是建筑史、城市史、园林史三者的叠加。一次在研究所的讨论中，大家觉得这样做至多是三史合并，可以深化历史，但不能作为人居史。有提出，是否可以根据人居环境科学的提纲来进行研究，即五大原则、五大系统、五大层次。按照这样的思路，花了不少力气进行多方面的研究，思路虽开阔，但从成果上来看仍旧缺少内在联系，比较贫乏，第一次的尝试并不十分成功。第二次尝试，我们又回到了历史的顺序，按照发展演变来写。这样写的关键之点在如何从人居史的角度加以分期，各期之特色何在。这不能一蹴而就，需要从资料中逐

《中国人居史》书影

步发现，历若干稿之积累，从中有所领悟而成。除了时间发展的历程之外，还兼顾地域文化的发展，对时间的源流与空间的分布同样重视。按照此思路写完之后，发展历程虽然明晰，但又进一步发现，只述历史的演变意犹未尽，仍有不少问题未说清楚，例如:社会的转折、县域的治理、设计的源流等，需要有时代之联系与理论之总结。最初，将新增的部分定位为“史论”——这不免偏题，我们要写的是“人居史”而不是“人居史论”，因此又回到历史本身，转变为“专题”，经过展开与归纳，形成“意匠与范型”一章。

写至第八稿，又发现，虽然现有的研究是中国古代人居史，但中国向近现代的转折非常重要，不能一带而过，其中涉及政治、经济、社会、文化等，以及思想理论之转变、实践之转折，至关重要，需认真探索，这属于另一项浩繁的工作，需要结合今日实践中的矛盾，深入攻关。基于此，对“转型”的思考及对未来的展望，简略地提出了一些基本观点，向现代化迈进之路的深化的工作有待继续努力。

中国人居史所涵盖的内容非常丰富，现在所做的研究只能是一个“纲”，对于各个时代与各地区的研究都可以进一步深入；同时，研究主要集中在对过去的追溯，但在了解西方基础上进行综合与比较的工作不仅不够，且每以功力不济为憾。因此，本书只能算作是初步大胆的“立说”。尽管还很粗糙，但这个过程中也有意想不到的收获，对与人居相关的中国文化、人文精神有了一些认识，对一些复杂的问题，如:中与西，古与今，城与乡，理论与实践，多学科融合等，虽然还有待进一步努力，但是已经看到了希望的曙光。它有不见于一般历史的历史，不见于一般科学的科学，不见于一般文化的文化，不见于一般艺术的艺术，是大有可为的领域。

此书虽然花费了多年的工夫，但在历史的长河中也只是瞬息即逝的一点，我们的工作也只是开了个头，就像是寻到了晋人陶渊明所描绘的桃花源的入口，“初极狭，才通人，复行数十步，豁然开朗”，发现别有一番天地，当然，我们的工作还远远不够，但如果能够对中国人居学术的发展有所促进，能对民族文化复兴有所启发，我们将会感到极大的欣慰。

司马光撰写《资治通鉴》就是一个团队工作的典范，参加写作的有刘攽、刘恕、范祖禹，由司马光总其成，“对全书的体例以及各段落之间的联结、贯通负有责任。使得整本书不是一床‘百衲被’，而是完整的连针线的痕迹都看不出来的锦绣文章。”[1] 这对著述《中国人居史》工作有很大的启发意义。

最初，人居史的工作是我自己孤身的探索，改革开放之后，曾以一个小小团队为单位整体推进，队伍逐渐扩大，陈保荣、胡绍学、赵炳时等在当时条件所及，协助完成了若干图片的整理。在德国发表的《中国古代城市规划史纲》仅是我联合讲座的一部分，其他都城史与地方城市史虽已成形都未完稿，因学校工作需要而匆匆归国。在后续研究阶段中，研究所副教授武廷海、博士后王树声（现为西安建筑科技大学教授）以及其他博士研究生和博士后建起一个科研队伍，逐步深入研究，续有建树。尤其是 2008 年，在工作的关键时刻，我在南京工地得病入院，一度丧失了写作的能力，得到了团队的关心与照顾，仍坚持在医院中开会、讨论，感谢康复中心的康复治疗和自身持之以恒的锻炼，经过一年半才幸运地从几乎掉队的情况下回到工作当中来，而整个工作在此过程中不仅并未停顿，反而在武、王教授的推动之下及众博士生（袁琳、周政旭、

1 翦伯赞．学习司马光编写《通鉴》的精神——跋《宋司马光通鉴稿》[N]. 人民日报，1961-6-18.

孙诗萌、郭璐、陈宇琳、王南等）共同努力下，有可喜的提高。在团队的共同的锲而不舍的努力下，本书数易其稿，大有精进，直至今完稿，对问题的认识不断深入，对中国人居史之精华陆续有所展现。

我认为一个科学集体是逐步磨炼出来的，大家在一个科学志趣和学术方向的指引下，越来越增加激情，共同努力，搜集传统文献，辅以实地考察，挖掘现象背后的意义，集腋成裘。同时，在本书研究的不同阶段，校外专家傅熹年、单霁翔等知名学者的指导，研究所的核心吴唯佳、毛其智、左川教授等提出可贵的见解，逐步加深对中国古代人居的理解。这种集体精神，是团队的支柱。

第十章　人居规划设计实践探索

2001 年《人居环境科学导论》正式出版，初步阐述了人居环境科学的学术思想和理论体系。但人居科学理论研究与实践探索的脚步并没有丝毫停歇，甚至可以说，有了明确的学术思想的引领，前进的脚步更加明确、积极。我和我的团队一起，进行了从建筑到区域多个尺度上的理论与实践探索。

艺文荟萃，建筑新境

在我当建筑系主任时，特别在 1950—1960 年代及随后若干年，由于具有艺术创作内容的工程项目难得，我会尽可能将各项设计工程交由系里主要从事建筑设计的老师主持，以给予他们增进实践才能的机会，我则积极参与、从中协助提出建议。卸任行政位置之后，当受邀请进行设计时，我就不再谦让了。

30 年来，在我为数有限的建筑实践中有几个特点。第一，以博物馆等文教类建筑、居住类建筑较多（这多是接受邀请，我别无选择）。第二，我从事设计时对其设计任务书都要花力气研究，必要时与业主商讨进行修改，这些可以算作预研究，从中激发创意。第三，我对建筑场址很重视，如泰山博物馆项目，我对原提供的场地不认可，经踏勘与商议后，当地政府重新选定，并得到协议同意（可惜该建筑终未建成，甚为遗憾）；中央美院新址原为窑坑，最后建成的方案即是在这特殊情况巧为构思，本能取得令业主满意的效果。第四，因我接手的任务一般规模较大，同时由于上述诸原因，往往延时过长，因此，我格外重视整体的布局与城市设计，并特别对第一期的建设倍加精心，因为第二期方案未见实现，任务的前途难测。第五，对远在外地的任务我尽可能与当地的专家学者协作，以求提高设计质量，切合实际，这种形式后称之为“设计共同体”。第六，建筑要表达文化。我这几项工程都和文化遗产有关，如何与环境保持一致？我的原则是“积极保护、整体创造”，从文化遗产角度考虑建筑创作，并且根据城市设计的原则与周边环境整体协调、强调文化遗产的继承与创新。我所有的这些设计，只是在特定的文化环境上对其文化内涵的新的引申。我所策划的新建筑力求创造新的形式，因地制宜地结合功能需要进一步塑造环境的特色。在艺术上如有可能讲求绘画、雕刻、书法、园林诸多艺术门类与自然环境及建筑的结合，不断通过实践逐步形成自己的设计理念。

一、曲阜孔子研究院——“现代儒学书院”

这是在孔庙南面的一项重要公共建筑，从儒学学术传承而言，当然需要能在曲阜有个现代的“研究院”，亦即起到古时“书院”的作用。鉴于资金原因，设计一共分了好几期盖出来，逐渐形成了建筑群。作为孔学的学术研究中心，整组建筑既须庄重，也不能太严肃，宜具有一种欢快的“圣地感”（Cheerful Holyplace）。

当时当地的住户还是比较支持，比较顺利地就拆了不少民房。在设计过程当中，我与当地主持文管委工作的孔祥林同志多有接触。他是孔子后裔，也是对儒学文化甚有修养的学者，并著有《世界孔庙》一书，在设计的内容上我尽可能尊重并吸取他的意见。

东大门沿小沂河形成东西轴线，博物馆与图书馆形成中轴线面向小沂河，在该馆东西，山水相依，另有三座牌坊形成方形广场，两端轴线以学习厅结束。由于经费关系，只能分期建设，而领导数次更换，有幸我仍主持此工程，整个建筑群肃然一体，取得整体协调，诚非易事。

在孔子研究院的设计中，我们的创作追求一种“场所意境”——既要表现建筑美，又要表现自然美，将高尚的艺术文化内涵和时代精神、地方特色等结合起来，形成整体，创造一种圣地感 (sacred space)——一种不同一般的环境，不像孔庙等礼制建筑那么严肃，要有祥和的“书院”文化气氛，又是孔子文化节游者欢聚之所，因名之日“欢乐的圣地感”。在城市设计、建筑设计、装饰设计和园林设计中，寻找一个共同的母题 (motif)，融贯于所有的方面。这个母题就是孔子的美学思想，把它用现代人所能够理解的方式和手法来表达，也希望把它建成曲阜一个新的标志性建筑，实际上它是做到了。同时，用隐喻的方式来表达中国的文化

1994 年推敲孔子研究院建筑设计方案（左侧为夫人姚同珍）

孔子研究院一景

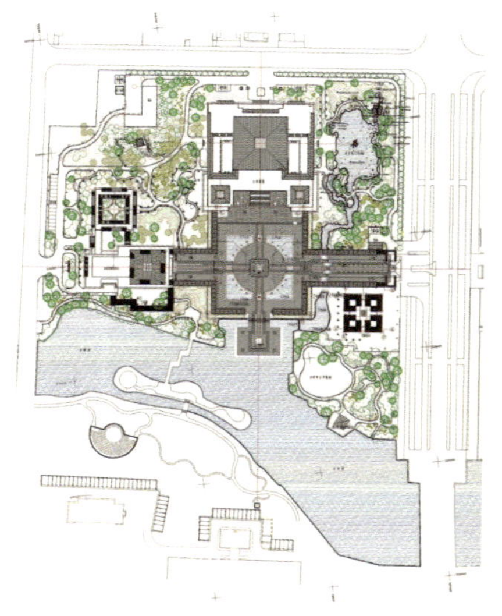

孔子研究院总平面图

孔子研究院方案手稿

内涵。后现代主义也讲隐喻，但他们的隐喻是隐晦、新奇、难懂的，不求人们立刻了解。我们追求易懂，似曾相识，其中的典故一经了解，便感到意味深长，这是中华丰厚的传统文化所赋予的。同时，要发扬中国画卷的美。现在一般的建筑群是沿袭西方的设计思路，营造一种雕塑般的空间构图变化——“雕塑的美”。孔子研究院的设计希望体现东方传统建筑群的那种“画卷之美”。通过散点透视、抑扬顿挫、起承转合等，来体现山、水、树、石、亭、台、楼、阁和人物等的画卷之美。现在从大成桥、特别是从小沂河对岸来看孔子研究院，可以欣赏到这种画卷之美。

孔子研究院：论语诗作与山高水长的主题雕塑创作

研究院建成以后由于管理上种种原因，未能充分利用，发挥应有作用。2013 年习总书记在该地召开干部会，发表重要谈话，阐明发扬儒学的重要意义。

曲阜孔子研究院初期在英国归来的张杰及单军的协作下进行，后张悦、朱育帆、倪锋等参与，第二期建议由张悦承担，时任曲阜市委副书记大力支持。

二、南通博物苑与“近代”第一城

孔子研究院之后，我接到的第二个任务是南通博物苑设计。张謇 1905 年在南通盖了全国第一个博物馆，2004 年南通市为庆祝南通博物苑 100 周年纪念，需要扩充新馆，当时留下来的设计时间已经很紧了。

当时南通市长罗一民邀我去考察，我就请了北京建筑设计研究院的何玉如总工程师同行。过去我对南通的情况与张謇的事迹有所了解，到南通时已是夜晚，我坚持要去现场看看，打着手电对原博物苑场地周边大体看了一遍，对项目初步有了整体的印象。第二天早晨 5 点，我醒来就开始琢磨这件事，对前晚所看地段的印象还很深刻，对照南通地图来看，突然对博物馆的选址就有了很好的想法，认为只能在老馆的西南、张謇的濠南别业南面一片空地盖这个新馆。对选址有了想法之后，当时也就 6 点左右，我抑制不住兴奋，敲门把合作者何玉如叫醒，说赶紧去现场。一看果然，地段很不错，很适合盖这个新馆，因此新馆的选址地点就这么确定了。

南通博物苑一期工程的计划，第一，新建的建筑在濠南别业中轴线的南部；第二，新建筑的入口设在轴线南部；第三，城市在整个地段南，另筑一条跨河的道路与博物馆相通。

南通博物苑夜景

博物苑南入口

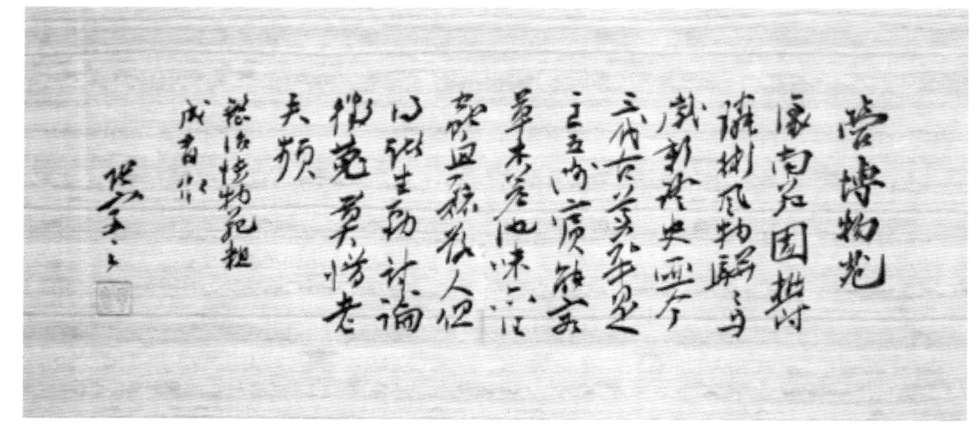

张謇赞南通博物苑

南通博物苑特殊的场地条件决定了其布局的特色与环境的关系，博物苑的赵鹏从张謇日记中发现其赞颂旧博物苑的真迹，于是我就将这一张謇真迹镌刻在壁，作为入口的唯一装饰主题，成为这组建筑环境的重要组成部分，表现对博物苑创建者的礼赞。

选址设想初定之后，我们在濠南别业的二楼参观张謇的展览。展览中有张謇的大事记，上面写道 1896 年他开始建设南通纱厂，我突然回忆起霍华德写《明日的田园城市》（*Gities of Tomorrow*）第一版的日期是 1898 年[1]，我一下子十分激动。后来见到当时的市长罗一民之后，我告诉他西方新城运动从霍华德的“明日之城”开始，而东方张謇建设南通则在 1896 年左右，在时间上大体重合。这证明东西方两条道路平行进展着，南通可以认为是“中国近代第一城”。因为近代中国城市建设不能从帝国主义在中国经营殖民地城市开始，而要从中国人开始自己的城市建设算起，这就是南通。在我提出“中国近代第一城”几年之后，对

1　注：1898 年，《明天：一条通往真正改革的和平之路》，1902 年以《明日之田园城市》为题再版。

南通有研究者基本都认可了这一说法。此外，我们在不断地研究中对南通有了进一步认识，尤其是张謇在此时提出的“村落主义”和在苏北经营棉田之举，可视为近代早期的“城乡统筹”。

后来南通市接着提出在南通博物苑的河对面建设城市博物馆。我就与何玉如接手做两个博物馆的设计，当地还在两组建筑间跨河加了一座桥相联系，形成一组对应的建筑群。

南通博物苑新馆可以说是在我有限的建筑创作中设计最为顺利、各方面配合最好、施工最快、效果最满意的一项建筑作品。时任国家文物局局长单霁翔起到了推动作用。

三、中央美院新校园

1950 年我回北京后，徐悲鸿已任中央美院校长，由于原中央大学艺术系的渊源，我还与中央美院有所联系。记得从那时起，就对在东总部胡同的美院的传统有一定了解。当中央美院计划迁至新址，前院长靳尚谊曾来清华委任本项设计，我欣然接受任务。新址选定在望京小区一个深约 30 米的窑坑，即使填土起来之后，地基也比较软，不适合大规模建设。我只能另构想，将主要建筑集中于窑坑边缘的硬土上，通过院落、走廊等连接，形成相互联系的建筑组团。我自信，在场地情况下这样布

中央美院外景

中央美院全景

局还是很巧妙的，在建筑造型上我赞同靳尚谊院长确定的原则：体型单纯、色彩朴实等，几次交流后，设计很快就确定了，也很快建成了，效果十分质朴大方。

第二期是博物馆，这时候院长易人，重新选择了来自日本某建筑师的方案，在外部设计大体和第一期建筑相协调，但内部空间效果实难以恭维。

遗憾的事还有景观设计。因为地段原来是窑坑，当时我原设计意图是把窑坑进行一些填补，形成碗状，并且保留部分低洼处形成小型水池，该区园林也围绕这个浅坡地的起伏来布置。但是园林地段主权为另一单位所拥有，这两项工程设计未能及时相互沟通，原来的窑坑填土过高竟成小山，园林也完全没按照原来的设想来做。

整个美院校园设计时间跨度长，工程主持人设计师栗德祥、朱文一以及园林设计部等付出很大劳动，整体效果还是好的，具有朴实的特色，但是里面还是有很多遗憾。组织一庞大建筑群，如果你坚持理想，难免遇到多少与艺术完全无关的阻碍，甚至与部分同行之间也难于沟通，实亦憾事。

四、南京江宁织造博物馆——南京城北的“都市盆景”

金陵红楼梦文化博物苑涉及江宁织造府、曹雪芹、《红楼梦》等诸多方面的内容。早在六朝时，南京的前身建康（建业）城就以丝绸驰名于外，后来出现了政府主管经营的机构——织造府（署）。清康熙二年（1663 年），位于南京的江宁织造府（署）开始由曹家主管。据《乾隆上元县志》和《嘉庆江宁府志》记载，康熙六次南巡，四次驻跸曹家，于是演绎了一系列传奇性故事。

这座博物馆所在位置正是南京这座世界名城、六朝建康的核心地段，且据考证位于原江宁织造府的西花园位置。对设计师而言，这些条件不可谓不优厚。但是，各种复杂性和偶然性也接踵而至。由于历史变迁，如按照有些红学家的主张复原织造府已无可能，也无意义。与此同时，《红楼梦》是一个涉及很多方面的文学巨著，对《红楼梦》的研究，学界也有不同的观点，包括曹雪芹的生平年代等都是其说不一，对于博物馆建设又各有见解。此外，本项目虽凝聚了多方人士的愿望，但很长时间内一直没有明确的任务书、明确的甲方，政府、投资人和红学家对项目的多方意见未能达成共识。因此，在这座博物馆的设计中所遇到的难题是始料未及的。这是一个不同一般的任务，某些方面，甚至要由设计者自行做出对任务的判断，难免遗憾多多。

在整个设计过程中，设计团队经过了反复的讨论与方案比较，提出

园林东入口与水面

曹雪芹雕像（吴为山作）

了“两种模式”和“三个世界”的设计理念。所谓“两种模式”即是现代外壳、传统内核的“核桃模式”和将自然园林架于建筑托盘之上的“盆景模式”。最终的方案是这两种模式的融合，将南京自然之山水为背景，整个建筑形成这个大山水格局下的都市盆景。主体建筑采用现代风格，比拟托盘，将传统园林层层叠叠立于其上，形成立轴山水之盆景，这也是红楼梦文化的缩影。主体建筑本身也是一容器，其核心部分是围绕下沉庭院中曹雪芹雕像而展开的南京康乾盛世图卷。这两种模式的融合围绕着余冠英先生提出的“历史世界——艺术世界再加上建筑世界”即“三个世界”的整体创造，希望能够塑造这座建筑的独特意境，并显现出南京历史文化中心特有的艺术特色。

如今，回顾南京“江宁织造博物馆”工程，从接受任务、到任务研究和模式探讨，经过四轮方案投石问路汇成最终方案，并得到多次专家会议认可，经批准后开工建设，得到今日之结果，其中颇费周折，实属不易。这座博物馆，占地面积 1.8 万平方米，建筑面积达到了 3.5 万平方米，却没有像其相邻建筑那样，以硕大的体量或高耸的形式挤压城市空间，反而为繁华都市平添了一掬绿色“盆景”。从内容到形式都是立足于南京本地的历史地理条件，以地方固有的文化内涵作为创作之契机，旨在既切合主题、展现人文、适应人情、当新则新（如利用运用钢结构，

金陵红楼梦文化博物苑一景

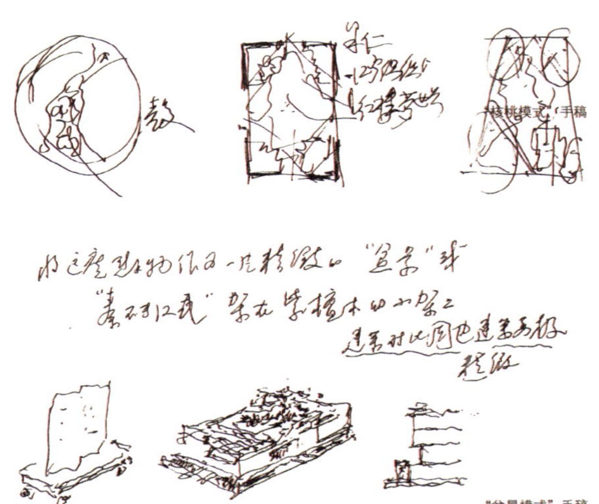

金陵红楼梦文化博物苑设计手稿

金陵红楼梦文化博物苑工地现场

现代表皮技术，并采用照明技术来表现云锦装裱等手法）；又不怕被人讥为“泥古”（如对待西园、大观园、织造府这样的历史点题，又何必忌用历史建筑的符号），其风格所尚，是在现代建筑的意蕴之上，运用历史主义的手法，标书地域主义的话语。这在全球化、跨文化的大时代，国际建筑师纷纷到我们东方来参与献计敬策，作为历史文化名城的南京，我们为什么不能够尝试运用一点新时代的、中国的、具有地方与历史主义的中国元素，再结合博物馆展览的实际功能需要（西方现代建筑理念），通过这种前所未有的新模式，来创造这一国际化的跨文化的形象？

五、情所独钟、未获实现的泰山博物馆

泰山市决策人原计划将泰山博物馆安置在市区内，我建议更换其选址，形成“南庙北馆”格局。所谓“南庙”就是岱庙在南，所谓“北馆”就是设计中的泰山博物馆位于泰山登山口东南侧，与岱庙—岱宗坊南山轴线正对。

建筑造型以“泰山石亭”为单元组合而成，以“封禅厅”作为高潮，整组建筑群立意“长在泰山上，化在自然中”。

本工程因泰安市原领导人调动，工作停顿未能建成，设计人至今对此情有独钟，设计过程得到张悦协助。当前泰安市新的决策者又有建设博物馆的愿望，亦为幸事。

一个优秀的设计作品是团队心灵的结晶，需要业主、设计主持人、团队、业主的统筹，“心有灵犀一点通”，形成顿悟，融贯“时间－空间－人间”。

泰山博物馆方案效果图

六、地区建筑学的理论探索

文化是历史的沉淀，存留于城市和建筑中，融合在人们的生活中，对城市的建造、市民的观念和行为起着无形的影响，是城市和建筑之魄。1950 年代初，就有民族形式之辩。我在建筑理论上经过二三十年的思考与感悟，认为一般说建筑的民族性仅从形式上讨论，过于笼统，事实上各个地区、民族的建筑体现的是其特有的聚居形式，包括自然条件的利用、建筑材料的选择，构造方式的组合、建筑外貌的表现，等等，故应从整体而言，强调建筑的地域性。

在 1948—1950 年在美国匡溪艺术学院求学期间，我注意到，这一时期以美国现代艺术博物馆为中心，1930 年代兴起的现代主义建筑思潮风起云涌、甚嚣尘上。另一方面当时我也注意到美国著名理论家路易斯·芒福德（Lewis Mumford）提出美国新英格兰和加州的地域建筑特色（regional style）问题。我特地去这两个地区，并欣赏了新英格兰白色木板房的特有风格，当时作为加州海湾旧金山一带风格代表的 Green & Green's 的作品；此外，还访问了“地区主义”的倡导者之一、当时伯克利分校建筑学院的鲍尔（C. Bauer）教授，院长伍斯特（William Wurster）；还注意到对海湾区园林设计卓有贡献的 T. 屈迟（T. Church），他是《园林为市民服务》（*Gardens Are for People*）一书的作者；在离美前一晚，还专程参观旧金山湾区规划展览……凡此种种，至今都记忆犹新。

1981 年我在西德卡塞尔大学，曾经与城市规划系 L. Burckhardt 谈到关于地区建筑的见解，他极感兴趣。1989 年出版的《广义建筑学》中曾将“地区建筑”专列一章。1996 年我作为国际建协前副主席，在第四区亚澳地区会议上提出以“地区建筑学”作为会议议题。1997 年在“当代乡土建筑——现代化的传统”国际学术研讨会上，我作了题为《乡土建筑现代化，现代建筑地区化》的主旨报告。

1999 年我主持起草国际建协《北京宪章》时，把“地区建筑学”作为一项重要纲领向世界提出：“**地区建筑学并非只是地区历史的产物，它更关系到地区的未来。建筑物相对永久的存在成为人们日常生活中的感情寄托。我们在为地方传统所鼓舞的同时，不能忘记我们的任务是创造一个和而不同的未来建筑环境。现代建筑的地区化，乡土建筑的现代化，殊途同归，推动世界和地区的进步与丰富多彩。**”这也是我多年来建筑创作实践的一贯追求。

北京情怀

一、改革开放初期的探索：“多中心并联式”规划建议

“文革”中对北京城的破坏加剧以及全国的建筑情况促使每个人在思考，由于与国内外的沟通交流，学术思想也有了很大进展。1978 年清华任命我重主系务后，在繁重的拨乱反正工作中，以无比兴奋的热情，投入思考首都规划建设工作。清华建筑系一度组织教师，集体从事北京市总体规划研究[1]。

1979 年，我们第一次提出将京津唐地区融为一体的规划构思。将唐山纳入规划视野，是因为 1976 年唐山地震后，参与国家建委组织的专家组共同探索唐山震后改建问题，从事地区研究的结果。这说明，正确的理论认识离不开实践，规划工作更是如此。1980 年，清华城市规划教

1 参加这一工作的教师有：吴良镛、朱自煊、徐莹光、郑光中，什刹海组关肇邺、王炜钰等。

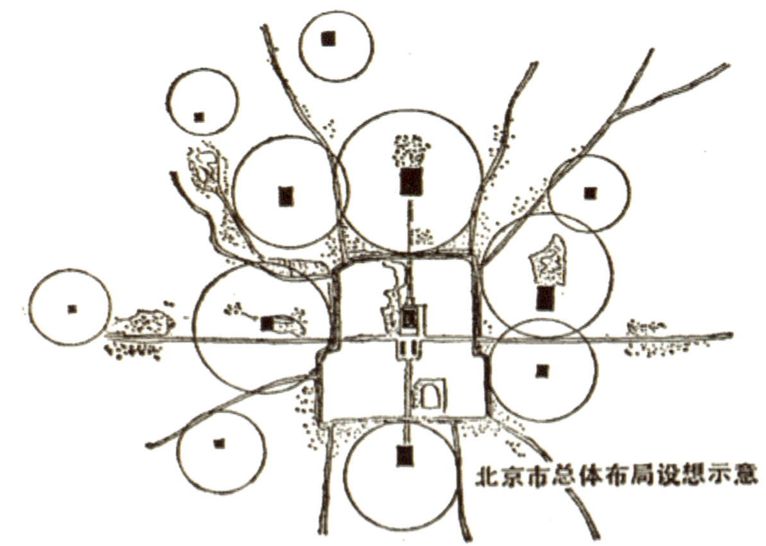

北京市总体布局设想示意

（来源：吴良镛．北京市规划刍议 [M]// 清华大学建筑工程系建筑历史教研组．建筑史论文集 第三辑，1979）

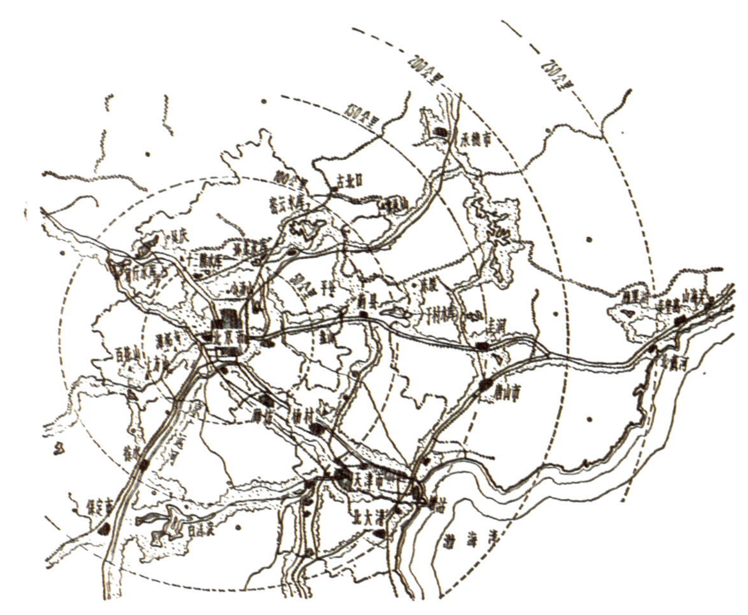

京津唐地区发展规划设想

（来源：清华大学建筑系城市规划教研室 [J]. 对北京城市规划的几点设想．建筑学报，1980（05））

研组的研究成果“对北京城市规划的几点设想”刊于《建筑学报》[1]，文章发表后，陈占祥先生、当时北京市规划局副局长金瓯卜先生等相继提出了对规划讨论的文章[2]，前所未有地对北京规划建设进行公开讨论，普遍关心。清华大学对北京总体规划的设想，得到薛子正来信关心和鼓励。

此外，我还参与了全国科协组织及市科协等组织北京市规划的讨论，以及赵鹏飞副市长领导下的 1983 年总体规划修编工作的讨论。我在评议《北京城市建设总体规划批复的发言》中指出：“北京职能繁多，内容庞杂，只在建成区范围内打主意，螺蛳壳里做道场，总跳不出圈子，也解决不了根本问题。如果从大区域（华北、京津唐等和北京市 16800 平方公里范围）来考虑，路子就宽了，也活了。”[3] 我也写了一些有关北京市规划的文章，如《对北京城市规划刍议》《新的起点——在《总体规划方案》和《批复》指导下做好首都的规划设计工作》[4]。这些文章比较系统提出“多中心并联式”的城市布局结构建议，这是一项重要的科研成果。

薛子正同志来信

良镛同志：

粗略地看了你送来的城市规划的设想，使我异常的高兴、激动。

你们在教学的百忙中，还能继续梁思成同志生前未能完成的遗作。也没有忘记我这个老朋友。更应当钦佩和尊敬的，你们是如此重视党中央对北京市建设方针的指示，积极地行动起来。有了你们这样热心的同

1 清华大学建筑系城市规划教研室 [J]. 对北京城市规划的几点设想 . 建筑学报，1980（05）

2 金瓯卜 . 首都城市建设总体规划中有待商榷的几个问题 [J]. 建筑学报 . 1981(2).

3 吴良镛 . 新的起点 . [C]// 城市规划设计论文集 . 北京：北京燕山出版社，1988: 371.

4 此文在西德媒体上曾经全文刊载。

志，首都的建设，祖国的四个现代化是大有希望的。

我对于建筑和城市规划是门外汉，但有一颗关心首都建设热心。因而对你们的规划设想提出几点建议，供你们参考。

1. 整个设想是很好的，提得很及时，听说，北京市委也提了一个方案，并拟向党中央汇报，可否考虑你们去走访赵鹏飞、佟铮等同志交换各自的意见，以利取长补短。

2. 首都城市规划，在尊重中央指示下考虑具体规划方案时，必须而且坚决从战略上考虑问题。大概你还记得当年苏联市政专家阿布拉莫夫顾问的讲话，一定记取第二次世界大战中莫斯科、列宁格勒城市遭受损失的经验，我的记忆中，①城市人口不能过分集中（北京市的人口以不超过 250~300 万为适宜，——当年五十年代初北京市区的人中只 130 多万），要考虑到战时问题。②必须环绕着北京城乡建设卫星城，这点，你们考虑到了，但说的不充分。每个设想的卫星城的必需条件，利弊都应明确提到。③工业区的划分，在考虑到战争时，何者靠山区，何者散布在农业区——某些轻工业厂等。那些应坚决禁止放在城区。④住宅区的划分（见规划略图（七），可以不必具体规定何者是工人住宅区，何者是干部住宅区，这样的划分是一种脱离群众规划。此外，我个人还有一点意见，可否考虑将筒子河两岸规划成绿化区，河的两岸在规划中，今后不准再建新房，旧的房屋逐年拆除，逐渐绿化起来，把筒子河与北海沟通，消除人为的障碍，这是多年的规划设想，现在要解放思想，敢于提出问题。还有一个绿化区的设想，就是把什刹海同金河、长河打通，这两条河岸的绿化之后可以美化这条航道，恢复当年慈禧太后时通往颐和园的旧观，这正是一开辟旅游区的新设想。

至于将来要求重建圆明园，那是太长远的理想了，暂且不提。

我因还是病号，不能多写，容后再谈。

祝你们工作顺利，致

敬礼！

薛子正

一九八〇，七，二

你们的“设想”留下，有机会再看看。

薛子正在写完这封信后不久因心脏病突发逝世，我心痛不已。我将这封信视为我在新中国成立后结识的第一个革命前辈给我的临终遗言。

1979 年清华建筑系对北京规划建议当然尚有不周到、不完善之处，以及有待可讨论之点。现在反思，最大的失误是对交通问题认识不够，研究不够，未能促使地下空间的利用，地下交通与地面交通并行发展，对科技工作者来说，这是一项重大的疏漏。当然，长期以来也有一些客观原因，对一些领域的信息限制，令研究者每每望而却步。但在政策上如此促使小汽车大发展，在交通措施上仅依赖加宽马路，增加立交桥来解救燃眉之急（芒福德批判美国的国花是立交桥，cloverleaf，四个瓣的苜蓿叶），这些都是始料未及的。

二、对北京规划建设的整体思考

在前一段时期内一些个案的基础上，我认识到对于北京的问题，还应该回到整体研究，才能找到出路。这样一个思想醒悟，集中体现在 1996 年 4 月 24 日在北京召开的世界大城市国际会议上，我准备的主旨报告思索所得，即应当从更广阔的视野，探索整体的发展战略。我认为有必要在世纪之交的转折变化中，特别正值经济结构的调整良机，就发展战略问题做整体思考，认真推进可持续发展的战略思想。

鉴于国内规划方面在缺乏相关的政策准备情况下，实施土地有偿使用政策，将危房与旧房混为一谈的危旧房改造与开发加速旧城的破坏和远近郊土地的吞噬，给北京旧城带来更大的危机。我认识到需要保护旧城问题更加迫切，1997 年关于北京市旧城区控制性详细规划的几点意见集中反映了我对过度密集地开发旧城的反对。同时，这也进一步认识到仅在个案中解决不了问题，需要从局部走向整体，重新对北京规划建设进行整体思考。

从上述 1996 年的“整体思考”到 1999 年面临国际建协第 20 届世界建筑师大会，时间又过去了三年，建设形势大好，但北京市的建设发展情况却更令人焦急。在大会的城建分组上，我有不能形之于色的“隐忧”，但又不能不表达中国建筑师应有的学术见解与遐想，鼓足了勇

大北京地区空间发展战略示意 | Concept of Spatial Development Strategy of Greater Beijing Region

北京城市空间发展战略研究

气，提出了“世纪之交走在十字路口的北京——对大北京地区概念性规划设计研究”，进一步探索出路。最初的想法是着眼于“北京大城市地区”（Beijing metropolitan area）或“北京及其周边地区”（Beijing and its environs）。当时提出的是规划设计纲要，试图说明：一个保护旧城与合理发展的规划设想，一种创造良好生态环境的尝试，一条使北京走向“世界城市”的道路。

清华大学建筑与城市研究所专门制作了展板，由于涉及北京的规划问题，只是为了配合会上学术报告而放在会场门厅展示了一下。会议上听众抱着极为关心和浓厚的学术兴趣踊跃提问，我的答复非常谨慎，但这项工作得到国内外有识之士的支持[1]。

在 1999 年 6 月国际建协大会结束后，我们就将大会未能展出的展板及报告内容向当时建设部部长俞正声同志汇报。他特别来清华听取汇报后，认为这项工作很有意义，并表明他支持这一项研究，但提出将“大北京”改为“京津冀北”，于是，按此立题。后来，由于研究范围的扩大，称“京津冀”，作为国家自然科学基金和建设部基金项目开展研究。

近十几年来，我们持续开展此项工作，取得了一系列的成果，也逐渐得到了学术界和全社会的认可。2002 年出版的《京津冀地区城乡空间发展规划研究》从世界城市的高度，借鉴国际经验和教训，以整体的观念，综合研究城市发展的战略定位、区域功能和空间布局、协调与合作机制等问题，主张通过“建设世界城市，带动整个大北京地区的繁荣和健康发展”。

2006 年的《京津冀地区城乡空间发展规划研究二期报告》继续关

1 后此文发表于 WSE：Ekistics 杂志。

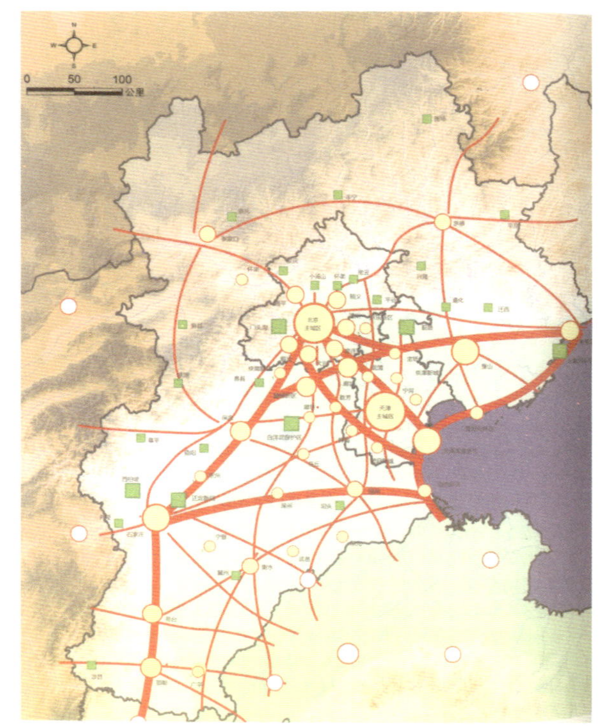

京津冀地区多中心城镇网络示意

注京津冀地区的变化，并进行持续的跟踪研究。面对急剧发展的形势和区域规划工作的新需求，在科学发展观的指引下，将一期研究中提出的京津冀地区发展的原则性、理念性、方向性、战略性问题进行深化和具体化。二期报告特别注重将区域研究落实于城乡大地的广域空间，以首都地区和新畿辅的观念，在综合北京、天津城市总体规划及河北省城镇体系规划的基础上，采用“批判性整合”的工作方法，以实现良好的人居环境与和谐社会同时缔造为目标，在更高的境界上推进京津冀地区空间战略发展规划的研究。

2013 年，《京津冀地区城乡空间发展规划研究第三期报告》提出，在国家发展方式转型的背景下，着眼于京津冀两省一市存在共同利益的关键人居问题，在区域城镇空间格局、综合交通体系、生态文明建设、区域文化体系等方面，谋划转变当前发展模式的共同政策和共同路径，提出共同缔造良好人居环境和和谐社会的具体建议。

三、2004 年北京总体规划修编

在城市空间发展战略研究的基础上，清华大学又参与北京城市总体规划修编（2004—2020）的工作，主要工作集中在区域研究与旧城保护方面。在北京市委、市政府及有关职能机关的努力下，及中规院、北京市规划院和清华大学建筑学院等单位与部门的共同努力下，北京总体规划修编取得了丰硕的成果。规划重新考虑了北京的空间结构，不再重复“摊大饼”式的模式，而是从“中心大团”跳出来，在 16410 平方公里的行政范围寻求新的布局形式，整体考虑改善城市问题的措施，这是一个重大的前进和突破。

新的空间战略在城市结构上不再在主城里打转，寻找出“两轴两带多中心”的结构形式，即在中心城继承发展城市传统中轴线和长安街沿

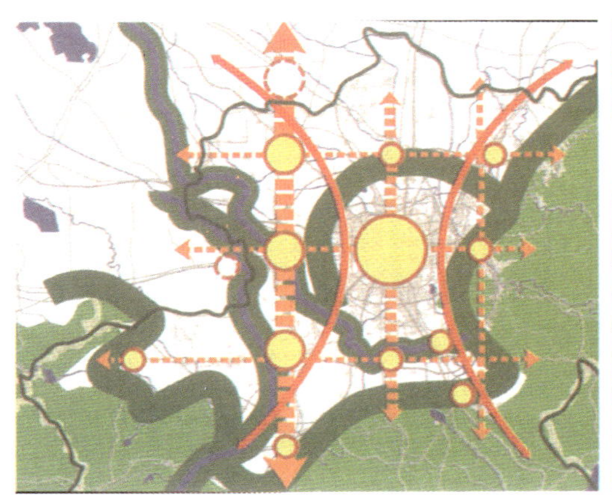

2003 年清华北京城市空间发展战略研究课题组提出的北京城市总体布局结构方案

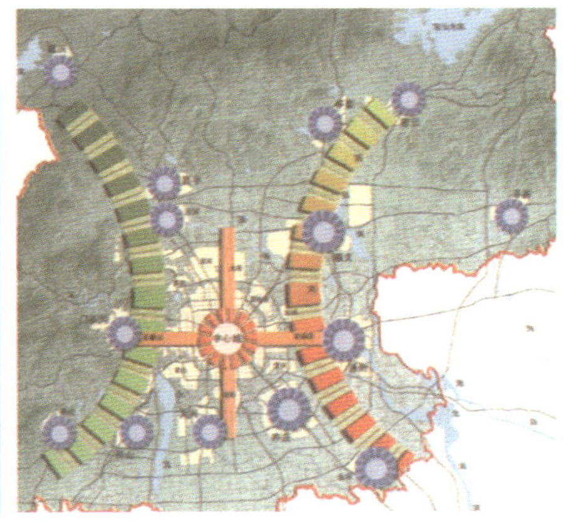

2004 年北京总体规划修编确定的北京城市总体布局方案

线十字轴，在其外围构建西部生态带、东部发展带，并在市区范围内建设不同的功能区，构筑以城市中心与副中心相结合、市区与多个新城相联系的新的城市形态。“两轴两带多中心”结构形式的获得，是对从新中国成立之初确定下来的城市结构近20多年来已显困境在城市形态上的一次突破，一系列长期困扰北京发展的问题的解决有了转机。

这个成果得来不易。尽管还可能有不同见解、声音，使它在修编过程中渐趋完善，总纲也大体草拟出来了。经过一个时期的苦闷与彷徨，终于找到了可能的新模式，心情有说不出的愉快，50年之长梦，终有圆梦之日！

北京市规划，自从在把梁陈方案放在一边（因为没有见到过明确的文件对此做过交代），决定以“旧城为中心”和放射环形的交通系统后，就成为既定不变的模式。这在新中国成立初期城市未大规模发展时，就城市结构本身来说也是一种选择。但一旦城市发展过大过快，“同心圆”式发展的弊端就逐渐显现了，因此我在“文革”后的一个时期里就开始思考这个问题，特别是出现旧城急剧膨胀、拥塞过多建筑、公共建筑与住房激增、小汽车剧增、公共交通未能及时获得同步发展等“城市病”，“走出同心圆”不仅必要，并且日益迫切。但如何解救，不能仅从书本或理论去寻找答案，而是从现实出发，吸取国外经验教训，通过逻辑推理，对现状问题的分析和比较研究设计出可能的答案。前述若干“策略”就是经过综合反复思考后得出的结论。

北京城市总体规划修编在庞大的集体大军协同努力下，付出了不少劳动，稿成之后大家如释重负，但是在我心中又沉重起来。“走出同心圆”只是一个初步的努力方向，而如何实施才是一个新的开始，并且操作权不在规划者的手中，因此不能说万事大吉，若善自为之，可以推进规划，深化规划，甚至在某一方面另辟蹊径，创造新的奇迹；若遇到不可驾驭之周折，任何曲折都可能使规划变质、夭折！

但无论如何，正视问题，揭示问题，并努力以问题为导向，探索解决问题之策略与措施；并把规划思想之要点交付决策者，交给社会，能为全社会所共识，所参照，仍不失为积极的态度。也就是说，对新的规划理念不仅要积极宣传，同时要继续深入研究，不断充实，审慎过渡，使之逐步得到实施。

2005 年 2 月 5 日北京市在城市总体规划批准后，召开庆祝会，我在会上致辞："一个规划的诞生，是另一方面新的问题的开始"（大意）（引某外国专家言）。

一个规划的诞生，是另一方面新的问题的开始

——在庆祝会上的即席发言

吴良镛

今天，我以很喜悦、很荣幸的心情参加大会，主要想讲两点：

第一点，和在座的，如技术人员以及广大市民一样，祝贺北京城市总体规划修编取得的进展与成功。

北京原有规划拟定的时代不同，建设发展很快，问题多，总规修编对这些在不长的时间中加以梳理，抓住重心，齐心合力，合作好，求大同、存小异，拟定战略重点，果断决策，有许多经验可以总结。

市委市政府领导自开始运筹，相关部门的统筹，各部门技术专家的协作（可称同一"科学共同体"），公众参与，证明首都确实需要有一个科学合理的规划，也产生了一个从中央到地方被肯定的规划，确实很高兴。在温家宝总理听取汇报的第二天早晨，汪光焘部长即向我打电话，"告

诉你一个好消息，总理对北京市规划充分予以肯定。”我想我们参与做一些工作的专业工作者，听到这个消息时的心情是相同的。

这项工作，我们从区域研究——空间战略——行动计划，然后进入总体规划修编，以及各分项专题，这是一条科学的路线与方法论，今后还要坚持。

第二点，在取得成绩的同时，下一步如何办？

“一则以喜”，“继则以思”，下一部如何做，心中不是很踏实。

（1）有一位国外规划家来清华讲演，说了这样的话：

“一个规划的诞生，是另一方面新的问题的开始”（大意），想起来是值得深思的，什么是“新的问题的开始”？现在不好说。规划实施的过程，是对规划进一步发展、深化、调节的过程，是一个动态发展的过程。

规划不是一般的“蓝图”，机械的照图施工，特别在当前史无前例的建设大规模展开的情况下，继续要“协调”发展，一点也马虎不得。

（2）在总体规划修编中还有好多事未做完。

－旧城“保护与发展”、“保护与复兴”刚有一个轮廓，一些重大的问题，如中央办公区等，有待研究；

－第二机场问题，目前的航空运输发展比预期的要快，第二机场的技术研究不能失去时间；

－京津冀新的区域协作刚刚开始，需要进一步推动；

－这样大范围、大规模的城市建设（特别2008年迎接奥运），需要发展“规划·建筑·园林”一体化的总体性的“城市设计”；

－北京的特色与它魅力的发挥，个体建筑起效甚微，关键在改变观念，改变方法，以更大的努力，追求“环境和谐”，保证大中小尺度的“公共空间”(guaranteeing public space)得到有效的构成；

—专业规划，交通系统技术性的研究，还未加以整合。

……

总之，要再接再厉，创造性地处理一切发展过程中的问题，“城市化”是一种研究过程，如果说是“蓝图”（因为已习惯此称呼），那应是一张面对动态的发展，在研究与决策过程中不断编制的“蓝图”。这样，才能保护城市有战略地、有机发展的生命力。北京总规肯定了的大城市发展的战略，它的灵魂，即把已有的工作成绩与取得的经验，在中央制定的科学发展观指导下，以积极的科学研究推进城市规划的建设发展：**建设全国的政治文化中心，“以人为本”的宜居城市**。

简单说，**以总规批准为契机，以更大力量，尽更大的努力，认真地研究北京长期以来悬而未决的问题，推动城市科学的发展，更高质量的进行首都的建设。**

四、未完成的探索：中关村科技园规划建设

我 1950 年从美国回到清华大学，1951 年北京市人民政府就聘请我担任以梁思成先生为首的北京都市计划委员会的顾问。我当时着手做的第一件事，就是对海淀地区的发展规划进行超前研究，目的是建设首都的科研文教区。1950 年代初期的北京西北文教区规划，与地理学家林超先生、侯仁之先生，以及一些社会学家等都曾有过接触。规划布局最初认为应以海淀镇为中心，当中国科学院成立后又提出以科学院为中心。这些设想通过组织全国的设计竞赛得到深入和具体化。科学院的规划工作是由吴有训副院长和秦力生副秘书长主持的。当时提出了好几个很有价值的方案，对北大、清华的规划也作过若干次方案，中关村有些今天开始的重大建设的选址就是在那一阶段工作中确定下来的，如北大图书

馆、清华南路等。清华大学也组织了建筑系师生参与文教区规划，还举办了展览会，可惜多种方案未曾加以集中整合，后来都没有能够真正按照方案实施和落实。回想起来，如果其中的任何一个方案能得到认真贯彻执行，则中关村地区的建设整体性都会比现在更好些。

“文革”结束后，我们从 1983 年起承担了海淀镇的改建规划，随后开展了有关中关村科学城的一系列科学研究，并向有关方面提出总体规划建议和一个“中关村模式”（见附图）。这个模式以中关村地区智力密集的数十所高等院校、数百个科研院所和数千家技术研发机构为核心，科研、教学、开发三位一体，在中央有关部门的指导下，利用中关村与国内外广泛的学术交往、与城市中心区的密切联系，依托北京西北郊丰富的历史文化遗产、良好的生态环境、方便的生活居住与商业服务，建设有中国特色的中关村科学城。当时中关村大街上出现了第一批民营科技企业，后来发展为“中关村电子一条街”。1984 年，国家计委牵头在海淀成立了“中关村科技开发规划办公室”，清华大学派专人参加，具体承担了其中的物质环境规划和基础设施等多项工

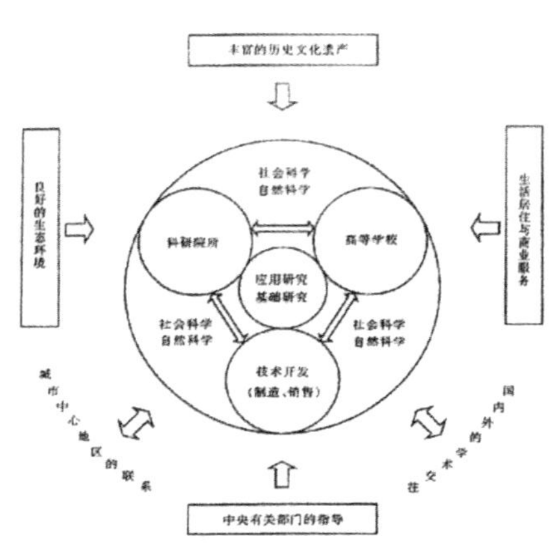

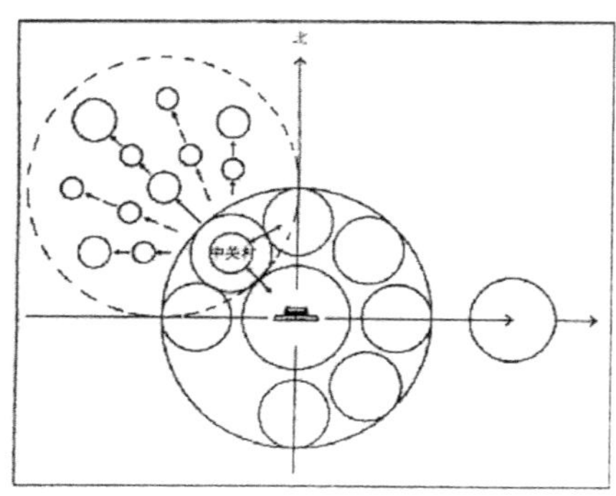

中关村模式与空间发展构想

（来源：北京市西北郊文教科研区发展规划研究，1987）

本研究课题完成后，送呈北京市委市政府，转呈国务院批复

作。这一阶段的有关研究一直持续到1988年5月，国务院批准建立100平方公里的北京市新技术产业开发试验区为止。

1990年代，我们又陆续参与过海淀地区和中国科学院的部分规划研究和设计竞赛，并一直密切关注着这一地区的发展变化。

在中关村地区的关键问题未能完全研究确定之前，建议不要再盲目开发，而是研究逐步整治改善的途径，并积极开展建设的前期研究。

关于中关村科技园区的建设定位问题，我认为首先是地区的环境改善与整治，不能将这个科技精华荟萃之地视为一般的城市开发区而乱拆乱建。全世界的高等院校、科研机构和科技园的情况千差万别，但其共同点是都有一个良好的、舒适宜人的空间环境，有第一流的城市基础设施和生活工作条件。中关村科技园区的发展也不能例外，要发展首先要把环境搞好，而搞好环境的前提是要有一个全面的、综合的、适应多种变化可能性的城市规划。这个规划要覆盖整个中关村地区，要在科学的任务书指导下编制体形规划，把科技功能放在第一位，然后通过城市整体建设，精雕细刻地进行规划设计，为其创造一个完美的物质载体和空间形象。提出要认真研究中关村展拓空间的问题，建议采用定向的放射式，避免“摊大饼”，形成“葡萄串”式的发展走廊，同时尽可能地节约土地，并科学合理地保证环境质量，形成区别于商业中心等的独特的文化特色。

可喜的是，人居科学长期的研究与实践为政府科学决策起到了积极的支撑作用。1990年代，我们首倡开展城市空间战略规划，纳入国家《城市规划编制办法》；2005年，《2004—2020北京城市总体规划》的编制方法列入《中华人民共和国城乡规划法》；1998年，我们向国务院提出加强城乡规划管理的建议，2002年，国务院发布《关于加强城乡规划监督管理的通知》([2002]13 号文件)，为《城乡规划法》制定奠定了基础。

走向区域

一、长三角、滇西北、京津冀：不同地区的持续探索

1980 年代初，费孝通先生正在开展苏州、无锡一带的调研，为工农业发展和村镇的发展探索“苏南模式”。我的硕士研究生戴舜松是宜兴人，对这一带比较熟悉，也对这一地区开展了小城镇研究。在他的论文基础上，我作了后续研究，这时已有自然科学基金制度，1993 年我即以“发达地区城市化进程中建筑环境的保护与发展研究”为题，申请到了自然科学基金重点项目，共 60 万元，这是当时最大的项目。项目由我总负责，并由清华、同济、东南大学三校合作完成该课题，分别负责苏锡常、上海、宁镇扬等地区。四年后，三校各做出成果结题，由费孝通与赵宝江主持审定，成果以《发达地区城市化进程中建筑环境的保护与发展》结集。成果针对我国城市化高速发展关键时期，在改革开放初期已渐出现

1993 年在长三角规划鉴定会上与费孝通先生讨论

在江南一带，种种无序发展招致的耕地减少，资源流失，环境恶化及历史人文景观破坏等社会、经济、科技、文化方面的严重问题，运用了区域整体协调，多学科融合与经济发展、城市建设、环境保护相关性分析，并结合部分城市的规划设计作为理论的验证和示范，尝试了从建筑概念到城市概念又到区域概念的扩展。

课题结束后，我们继续在苏州、无锡对城乡各区分别作了调查研究。在“黄泥巴村”，提出了各区拟建立土地集中、工业集中、居民集中的“三集中”原则，促进形成城市郊区空间布局的有机秩序。在无锡开展无锡县域规划，尝试“城 + 乡的规划”（当时无锡市与无锡县分治），并探索无锡地区的城市保护与发展模式。

1985 年 5 月 7 日，我出席上海城市总体规划专家座谈会，我指出对上海面临的大规模发展要有足够的重视，必须按照国际城市的国际标准

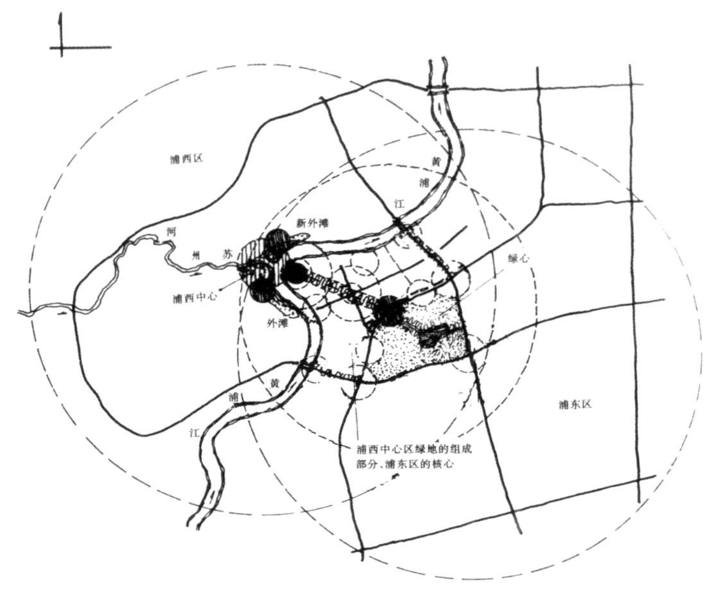

浦东与浦西的独立性与完整性（吴良镛手稿）

亚运会与原上海市副市长倪天增合影

建设上海，综合开发新城，疏解改造旧城，逐步形成新的城市结构形态，在上海经济区形成新城镇化系统，发挥上海的“宝塔尖”作用。1990年代初，上海市召开关于上海发展与浦东规划讨论会，我作题为《上海规划建设献议》的发言，建议上海的发展要着眼于成为全球城市、世界城市，要从区域的结构形态看上海城镇结构的发展，规划的战略研究要与城市设计的方案研究同步进行，特别是鉴于陆家嘴在未来上海城市艺术布局上是非常关键的地段，建议应在黄浦江河弯处保留大片绿地，它可以与“东方明珠”电视塔以及将来其他的金融建筑群形成城市建筑空间的重点。从陆家嘴隔河西望，正对外滩和从外滩越过苏州河新开辟的滨江建筑群；从这里向东，可以巧妙地通过转换轴线，即通过绿带或林荫道，与浦东中心花木地区相连接。希望将浦东这“大块文章”做好。

1992年7月，我参加上海浦东总体规划专家评议会，返回北京后重新思考写成《关于浦东新区总体规划》，在上海浦东总体规划已经基本确定的基础上从城市设计的观点提出建议：将黄浦江沿岸作为贯穿上海南北的“绿轴”，将陆家嘴建成城市建筑“高潮”，预留大片绿地作为浦东的“绿心”，将两个过江大桥与“绿心”相沟通形成“绿环”，沟通陆家嘴与花木区“绿心”间的“斜轴”。

长三角的研究推进了人居环境科学区域理论的发展，在此基础上我们将区域研究扩展到其他地区，如珠三角地区，参与到深圳市发展的研究和咨询中，还在广州市市长林树森的邀请下对广州市开展研究。

1998 年 5 月，清华接受云南省省长邀请，进行“省校合作”。我承担了“滇西北人居环境（含国家公园）可持续发展规划研究”项目，随清华团队赴云南工作。这个项目有很大挑战，我们团队中只有我一人在 1944—1945 年间曾在滇西有过一段征战及生活的经历，其他同志对此地都比较生疏。课题本身一方面范围大、内容多，涉及保护生物多样性保护、人居环境建设、风景名胜区，含国家公园等资源合理开发、历史文化保护传承等多个方面，没有可以直接借鉴的成熟案例；另一方面时间紧，调研归来第二日就要与当地各方面专家会谈，进行课题的讨论。在这种情况下，我连夜思考提纲。这样的困难也促使了我在“复杂性科学简易求解”方面的构想，运用融贯综合研究的方法，即**从实际问题出发，找到与问题的解决紧迫相关的、基本的、有限的多学科交叉的结合点——提出问题→借鉴理论→找出多个基本问题→探索解决问题的基本工作纲要→最终形成综合研究的纲领。**成果中明确通过了预研的报告，提出了《关于建立滇西北国家公园体系的初步意见和建议》。

滇西北课题由于美国大自然保护协会介入该地区，我们完成预研究的审定后暂时告一段落后（清华大学建筑学院在滇西北继续有课题开展），在“区域城市”的学术理念下开始“大北京”研究。研究所研究的重点转向了“大北京地区”，从京津唐的研究转为“京津冀地区空间发展研究”，这成为自 1999 年以来持续开展的重要课题，至今已出版了三期研究成果，并发展成由中央直接领导的京津冀协同发展规划。

二、三峡情思

我对于三峡的关注和研究由来已久。1945 年，我从云南西部怒江抗日战场返回重庆工作。在此前的一年美国的水利权威，被称为“河神”的萨凡奇（John Lucian Sovage）应水利界人士之邀，赴重庆参观、调查三峡，新闻报纸格外关注，讨论储水、发电等，余波未歇，对我也有很大的吸引力。正是因为这一经历使得我对于水利建设很关心，1948 年我赴美求学，在 1950 年回国之前，尽管时间紧迫，仍然专程去参观罗斯福新政的传奇工程——田纳西河流域水利工程。这事实上是在田纳西河流域管理局（TVA，Tennessee Valley Authority）的统筹下，对流域的水土保持、农业生产、电力、交通以及居住环境等进行综合、整体的治理。我当时与黄耀群等两位留美的同学一道，驾着一辆快散架的破汽车，一路从芝加哥到田纳西州，参观了一系列水坝建设以及这一流域的小城镇。我记得当时路过橡树岭（Oak Ridge）就有一些保密工程禁止参观，后来才知道是研究核武器的国家实验室。这一路青山绿水、风景宜人，令人心旷神怡、精神亢奋，最后行至 TVA Fantana 水库，兴之所至，我提笔绘制了一幅水彩画，后来这张画曾在中国美术馆的画展中展出，收录到我的画集中，记录下了那一段让我受益匪浅的经历。

1950 年回国之后，我又回到清华大学建筑系的教学岗位上。结识了清华的一些水利专家，如张任（时任水利系系主任）、张光斗等，在我作为建筑系市镇组的负责人时还请他们来演讲。当时我对官厅水库、三门峡水库、密云水库的规划建设相当关心，后又至新安江太平湖水库等地参观，尤其关注水利建设与城市建设的关系，并应邀参与佛子岭水库疗养所设计，并获治淮纪念章与嘉奖令。建筑系市镇组的同学也关心水利建设与城市发展的情况。

建设三峡工程的想法源头很早，新中国成立之后也经历了多次的讨论，清华大学有不少教授参与其中，见解不一，著名学者的有黄万里等。我也非常关心此事，曾经与原水利科学研究院院长黄文熙讨论，他对我说："此事太复杂，你是建筑学人，劝你不必介入。"北京大学考古系教授俞伟超与我相熟，后来他担任国家历史博物馆馆长，委托我参与三峡历史文化遗产保护，结果也是无果而终。继之关于三峡大坝的一般讨论我就没有再参加了。但是对三峡工程的思考，思绪不断，特别对坝高 175 米与 150 米之辩，我虽然不了解三峡水工方面的考虑，但四川是天府之国，土地贵如油，再加高 25 米又该淹没多少土地，影响多少人安居；水利专家无人不知 TVA，TVA 是一系列水坝形成体系，三峡大坝何必"毕其功于一役"，只建一个大坝，为什么不能在四川上游如金沙江河口上等建成系列，形成体系……诸如此类问题，不一而足。

1990 年代初，重庆建工学院的黄光宇教授请我帮助他带一位博士研究生，因为限于当时的制度，他们学校还没有设立博士点。我过去与重庆、三峡素有渊源，也就欣然接受了，这位研究生就是赵万民。他是学习建筑设计、城市设计出身，最初做城市科学的研究生需要补课。1992 年国家决定三峡工程上马，我意识到三峡库区的问题与三峡大坝可以说有直接联系、同等重要，现实问题迫在眉睫，应当立刻进行研究。1993 年，黄光宇教授邀请我去对他从事的四川乐山总体规划进行评审，会议结束后，我借机对三峡库区进行了一次考察，走访了万县、丰都、巫山等地。当时引领我考察的是我的老同学赵长庚教授，此外还有赵万民、姚同珍同行。经过这次考察，我对三峡库区的问题心里大致比较清楚，回京之后即指导赵万民以三峡库区人居环境为题进行论文写作，希望他的研究主题从空间形态转变为库区实际问题。后来，在师昌绪院士的主持下，中国工程院首期《中国科学技术前沿》邀我就三峡库区问题撰文，基于此前调研的认识与进一步研究、思考的提升，我认为**三峡的问题不仅仅是一个大坝的问题，与此有必然联系是库区整体的人居环境建设的问题**，我与赵万民合著文把问题展示出来，提出**库区建设的五大问题：产业结构调整，城镇化进程，生态环境可持续发展，安居工程，历史文化遗产保护**。论文在工程院审查时曾有风波，有认为“暴露问题太多，不宜刊登，而师昌绪院士**独排众议**，认为：“**把问题摆在前头这才反映我们的水平**”，最终得获通过，予以刊登。时至今日，我仍深感这些方面的命题仍有待深化研究，并感怀师昌绪老及工程院的支持。希望赵万民同志能坚持把这一课题深入下去，取得进一步成果。

嗣后，关于库区城市空间形态等问题，我还组织周干峙、邹德慈等有关同志数度前往库区调研，但在当时情况下难以为继。长江水利委员会曾派人来我家送上该会顾问邀请状，我以当时任务太忙，当此重任、力不从心而谢却。而赵万民同志对此课题持续研究，作出可喜成绩。

从建筑环境、城市概念走向区域概念，其背后隐藏的思想是：从最小的生活单位房间到建筑、建筑群、社区、城镇、城市群及区域，都是相互关联、相互作用的。在一定空间范围内，它们形成不同层次的实体。值得强调的是，在这些不同层次的规划中，都应发挥城市设计的作用。城市设计是将人居环境及其相关部分进行四维的设计，“将人工构筑物与自然环境相结合服务于现代生活的艺术”（C. Stein），是一种综合的专业领域，我们要求的是走向人居环境城市设计观，即在规划设计管理中，对区域—城市—社区—建筑空间的发展予以“协调控制”保证，使

人居环境在生态、生活、文化、美学等方面，都能有良好的质量和体形秩序。在设计观念上，要注意区域、城市、社区村镇的特定内涵及不同层次之间的空间的相互依存关系，以及它们的特定内容。

文化遗产的积极保护与整体创造

我从1940—1944年作为建筑专业学生时受中央大学老师的教导，就自觉不自觉地关注中国文化，从梁师来清华以及赴美就学于沙翁，不断获得提高，不忘继承和发展博大的中国文化。实际上我在人生求索过程中，因难于系统阐述，这里只是分散地记录若干事。

一、古都印象：北京旧城保护与有机更新

1946年9月我初来北京，除了授课之外，就到古都北京，去拜访以前听到的、图片上看到的宫殿、街区与建筑。当时的印象就是尽管整个城市都非常破旧凋敝，但是给予人一种特别古朴的情调，浓郁的文化氛围、憨厚的人民、诱人的泥土的芬芳。

杨廷宝先生曾回忆起他的古都印象："你们现在看到的北平，再也想象不出原来古都的味道。"他所说的古都是1920年代留美归来在基泰工程司任职时的北平，是进行文物建筑修缮、对天坛等古建筑——"抚摸的北平"。我是1940年代中到的北平，当然已没法理解杨先生20多年前的感受。但今天，现在的人也更已没法体会我当时1940年代中期印象中的北平。就像老舍《骆驼祥子》里面刻画的那样，包括整个城市氛围，包括街道、胡同，如东安市场与前门一条街的店铺地摊那样的具体地段饮食、店铺、甚至包括北京人的生活，言谈举止……这都是当时给我的古都印象，深刻且难以磨灭。

正是因为这深刻的古都印象，我对于北京旧城的保护与更新倾注了深厚的感情。在“文革”前，我已着眼于旧城保护的理论与实践的思考，但是在认识上未形成较为系统的理论。对旧城保护认识的提高主要是在“文革”之后。1978 年，我访问美国和墨西哥，在美国竟然看到对于格罗皮乌斯（Walter Gropius）在纽约将一件文物建筑拆毁而另建新楼所遭到的批判，不免对这位大师失敬，此外还有保护中央铁路车站（Grand Central Station）的争论[1]。1980—1981 年，我赴西欧访问，对历史文物保护精心探访，一年多所见所闻，对我说是补课。从西欧归来后我被邀请在全国政协城建组做学术讲演，得到了相关各界的注意，后著有《从西欧的历史文物保护看北京市的旧城保护》（上篇、下篇）等论文，对旧城保护问题的认识另有一番境界。

1980 年代中期，在白介夫常务副市长支持下，成立北京市文物保护委员会，侯仁之教授为主任，我和李准同志被任命为的副主任。在刘子章、朱长龄局长等的支持下作了一系列演讲。1987 年，我作为北京市规划代表团团长，带队参加在伦敦召开的“城市规划与文物保护”国际会议，会前组织北京规划局、文物局和清华同志筹备“北京历史城市保护规划展”[2]，先后在伦敦、多伦多及北京大钟寺展出。从 1987 年开始，东城区政府与清华大学合作，在旧城的“菊儿胡同”进行部分院落危房改造与城市居民住房体制改革的双重试验，获得国内外学术界的高度肯定和重视。我撰写了《圆明园遗址的保护和利用》《北京市的旧城改造

1　最终得到美国最高法院的判决胜诉，建筑文物之保护专家，女建筑师（后为华盛顿美国文物保护的负责人）喜庆之情溢于言表。

2　这份报告有中英文及图稿，参与工作的有北京市规划局王屹，北京市文物局吴梦麟，清华大学陈志华等，吴良镛主持该规划的修编。文物局局长朱长龄支持这一规划，北京市副市长白介夫批准了这一展览，因此方能出国展出。可以说，把官司打到国外去了。

及有关问题》《北京市古城保护的时代使命》《北京西郊发展的时空轨迹》《亚运会建设与北京城市发展》《弘扬首都壮美秩序重振北京古都新貌》等文章，对旧城保护思想多有阐述。

1980 年代以来，面对保护与发展的矛盾，我与同道者差不多竭尽所能，企图挽救北京旧城不可比拟的瑰宝，免遭日益粗暴的摧毁。我也受到持不同学术观点者们非议，促使我们反思责任之艰巨，但是渐渐我领悟到：北京从 1950 年代起就面临着保护与发展的矛盾，**梁陈方案和朱赵方案之争表面上是城内发展还是城外发展之争，它的根本分歧在于如何对待保护与发展的矛盾。**改革开放以后，这一对矛盾依然存在。但是，这时期行政部门早已定位，该破坏的已经被破坏了，**新时期的新矛盾，已经不是“中央行政办公区”城里城外之争，而是旧城应否大兴商贸办公楼建筑问题。**问题初并未得到应有的注意，直到旧城内大量高层建筑、市场、办公楼的成片大拆大建，如金融街、东方广场之类。因此，1980 年代后新的危机在于面临新的大建设、大破坏。

在长时期的思考和领悟中，我开始从北京历史名城保护的局限中领悟出来，不能期望仅在“保护”和“控制”中出现奇迹（现实的情况下，保护与控制又是如此的软弱无力），个案研究的进展不能替代整体问题的解决，寄期望于开明的领导的支持，虽能做成一些事情（如菊儿胡同试验得到当时东城区领导的支持与合作），但情殊事迁，旋即中断，成果寥寥，关键还在于加强“引导”，即要寻找这样一个急剧发展的城市找出出路和方向，不仅保护旧城，更要着眼于建设一个好的城市（good city）[1]，

1 西方城市规划界鉴于“二战”后城市发展过快，但缺乏全面规划，城市设计在 1960 年代得到进一步认识，1970 年代曾经有“什么是好的城市（What is a good city?）”的讨论，Kevin Lynch 在这一思想下著有《好的城市形态理论》（*The Theory of Good City Form*），于 1980 年代问世。

即需要一个整体的发展战略，要对北京规划建设进行整体思考。

郑天翔来信

吴良镛、宣祥鎏同志：

前不久看到吴良镛同志关于北京城市规划和建设的一篇谈话，我很赞成。于五月十五日写了几句话，送请北京市领导同志参阅，今附上。

我所在北京搞规划和建设就要达半个世纪之久了，需要将成功的和不成功的地方进行严肃认真地实事求是地总结一下了。我所在首都的规划和建设上确实取得了辉煌的成就，也确实发生了一些极其令人惋惜的毛病。“文革”中造反派的大拆大破且不说。我们自己我自己在五六十年代的工作中也做了一些令人惋惜的事情。历史上发生的事情，有种种情况，匆忙中一锤定音，或者只由一个特定的锤子定音，是造成许多毛病的重要原因。良镛同志提出要慎之又慎，非常重要。作为一个关心首都建设的老人，希望同志们共同总结经验教训，在今天和往后的首都建设中创造一个稳健妥善的局面。

良镛同志提出建设者把建设项目当做一座座孤岛来设计，言之中肯。即以天安门广场而言，原来的规划是四十公顷。天安门—纪念碑—中华门—一片松林—正阳门、箭楼。用笔简洁、声势宏伟，为世界所仅有。后来建毛主席纪念堂，情况就变了。广场隔开了，长安街上走过正阳门也看不见了。天安门广场的形势大变了，将毛主席纪念堂放在天安门广场，并非不可。我当时是积极主张者之一。我也到前门饭店看过设计模型。我看不出有什么毛病。而到建成以后，一看便觉得形体强大，与整个广场很不谐调。究其原因，就在于只着眼建筑物本身，而未从其与整个环境的配合协调上去尽其研究。

整个长安街的面貌，论者纷纷，这还是在那个东方广场尚未像大山一样矗立而起之时。到那时人们不知要发出何等声音。

平安大街在开辟，我曾向主管的领导同志建议：慎之又慎，不要再重复长安街的问题，建议做出模型，广泛征求意见。当然不只是一条线的问题。而是怎样对待余下的北京，小半个北京城。

阅报知你二位负责中国大剧院设计方案的审查。我曾到革命博物馆看过一下，很不好，头晕，只是粗粗地望了望那些方案。看的人很多。人们关心大剧院的规划设计是理所当然。一、这是国家的一项重要建设。二、建在的地点十分重要。我想大剧院的建筑要成为一座无愧于古人也无愧于后代的杰作。对这样一个庞然大物如何使其得当是一件很费脑筋的艰苦劳动，切忌在匆忙中一锤定音，切忌再将一个建筑物当做孤岛对待。慎之又慎造一个跨世纪的有中国特色的、有创造性的杰作。其他各位审委会委员我不认识，故只向二位同志建议。我以为征求意见时间要更长些、次数要多些，没有必要匆忙行事，要从长远利益全局利益出发。不知以为然否？

作为一个老北京，对首都建设难免关心。但我是外行，谨提所感，供你二位参阅。即祝

暑安

郑天翔

一九九五年七月二十六日

二、积极保护、整体创造

1983 年，文化部成立国家文物委员会，文化部长朱穆之任命考古学家夏鼐任主席，我因为曾做过北京市旧城保护规划等方面工作的原因

被遴选为该委员会委员。借此机会我认识了一些知名历史学家与文物学家，也了解到文物保护界的热点是什么。夏鼐与当时文物局长在文物保护的认识上也有分歧，我进一步理解到文物保护是一个内容宽阔的领域，内容庞杂，但是具体怎么做上仍然存在有一定分歧，即使在历史文化名城保护方面的见解也难于一致。

针对在文物保护界思想不统一的现状，我从在理论与方法上一直在进行不断的思考。2007 年召开“城市文化国际研讨会暨第二届城市规划国际论坛”，会议由国家文物局长单霁翔主持。出于多年的思考，我在会议提出，在文化遗产保护面临的严峻形势下，我们必须对原来的理论体系、方法等重新加以审视，以“积极保护、整体创造”的整体思路加以应对。这也是有机更新的概念从什刹海开始、经过菊儿胡同的实践，一直持续思考，逐渐形成了需将城市历史地段的保护与周边地区协同发展、加以创新的战略思想。

“积极保护”，即将文化遗产保护与城市建设发展统一起来，改变我们社会生活中使文化遗产“只能扮演弱者的角色”,“祈求”“怜悯式保护”，而是以积极态度把文化遗产作为一个地区的文化精华。不仅保护文化遗产本身，还要保持其原有生态和环境。新的建筑可以并且也需要创新，但是应遵从建设的新秩序,而不是“就建筑论建筑”“就保护论保护”。“整体创造”，即通过建设过程中的不断调节，追求城市组成部分之间的协调关系，使得传统建筑的保护与新建筑的成长形成整体秩序，化建筑的个别处理为整体性创造，既保持和发展城市建筑群原有的文化风范，又使新建筑保持有传统特色与时代风貌，实现有机更新。这一理论不仅可以应用于建筑创作、城市规划，还可以在大遗址保护、农业地带保护等方面起到积极作用。

文化遗产是人类文化历史的积淀，既是宝贵的物质财富，又蕴含着精神内涵，是时代的标志，智慧的结晶。对古代人居建设精华的继承，其中一个重要内容是对优秀人居遗产进行积极保护。2014 年 2 月 25 日，习近平总书记在北京考察时强调："历史文化是城市的灵魂，要像爱惜自己的生命一样保护好城市历史文化遗产。"一般说来，文化遗产保护并不强调复建,仍然要千方百计地保护原有的历史建筑本身。通常说"真古董"，我一般并不赞成建假古董，反对一切毫无根据地胡乱建设，如所谓明清一条街等。但可见的文化遗产的数量总是有限的，甚至是越来越少的，如何在当代的城市发展中继承和彰显城市的历史与文化，是一个更为广泛而迫切的问题。我认为，在特定的情况下，对史实进行认真的考据、研究，精心规划设计，以不同的艺术手法对历史遗址进行表现，使之融入新的城市肌理和城市生活中，未始不能增添城市风采，创造被后代喜爱的地标。**从单纯的文物保护走向更为广义的文化创造**。

例如：绍兴兰亭，原址已淹没无寻，明代在天章寺遗址重建兰亭，可谓十足的"假古董"，但清代康熙、乾隆都曾亲临其地，题诗、立碑、建序，今日视之又为确确实实、地地道道的真古董；武昌黄鹤楼，实九毁九建，我们今天当能看到宋画黄鹤楼和太平天国被毁的黄鹤楼图样，那都是十足的"假古董"，如果留至今天，当也是珍宝；滕王阁历代重建共达 29 次之多，最近的一次是在 1989 年，即今日所见之滕王阁。

在这里我想谈谈我接触较多的文化遗产领域的专家单霁翔同志。单霁翔早年是从日本归国的留学生，最初在北京市城市规划管理局工作，后来又去北京市文物局，此后相继在北京市规划委员会、国家文物局等担任领导工作，在城市规划和文化遗产保护两方面都有颇深的造诣。在文物局期间，他经常根据自己的学术观点推动文化遗产保护的一些重要

赵孟頫《鹊华秋色图》(台湾故宫博物院藏)

的大事，我认为这是他的一个重要特点，例如大遗址保护，便是其中意义重大的一项。我自1950年代初即与文物界人士交往，也参加了一些重要的会议，对文物事业一直很关心，这也是源于我本人热爱传统文化的个人情感，因此，我与单霁翔有很多共同语言。因此，我邀请他做我的研究生，2008年他获得了博士学位，论文题目是《文化遗产保护与城市文化建设》，当时我在论文评语中写道："本论文特点在于作者撰述上述观点时，从中国历史与现状出发，针砭时弊，畅所欲言，提出一系列带有开创性的建议，包括对在我国诞生的国际文件加以诠释，并阐明城市文化的发展方向等。论文作者视野开阔，立论严谨，逻辑清晰，文章铿锵有力，有独立思考、甘苦自得之论……当前有关我国文化遗产保护、城市文化的论述并不少，侧重点不一，学术思想立足点不一，但将各方面的问题加以联系，指出明确发展方向之论述并不多见。论文是作

者在长期从事政府城市建设与文物管理两方面工作过程中，不断积累实际经验，长时期思考求索积累而成的”。在他担任了10年文物局局长之后，调任故宫博物院院长，上任之后推行“平安故宫”、建设故宫北院、成立故宫研究院，等等，故宫的文物活了，人也活了。我非常欣赏他这种学术视野和推进文化事业魄力。除此之外，他笔耕不辍，每年都有不少重要的文章发表，他曾撰文阐述“有机更新”理论、广义建筑学、人居环境科学、“积极保护、整体创造”理论对文化遗产保护事业的贡献。[1]他至今已出版39部著作，并在全国各地举行数百次演讲，孜孜不倦，宣传文化遗产保护的理念与思想。他的思想和工作，对于我所从事的事业也有重要的启发和推动。

1　单霁翔．吴良镛学术思想对文物事业的贡献[J]．中国文化遗产，2012（02）．

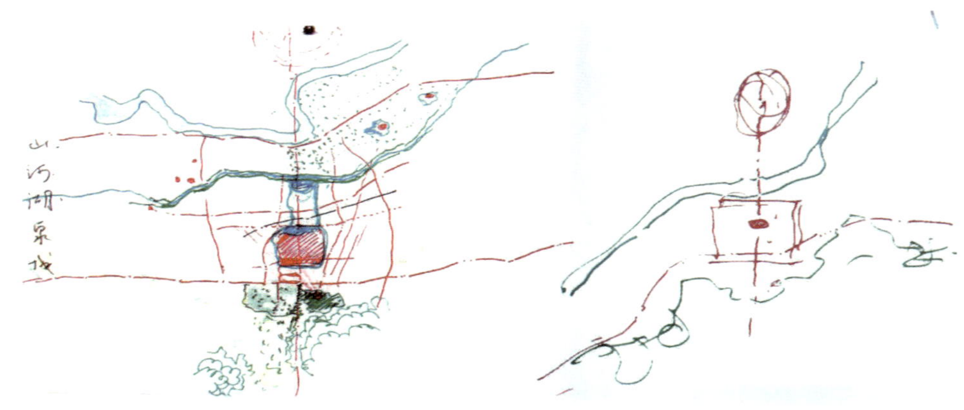

鹊华国家公园设想手稿

三、在合适的地点建设“山川形胜，艺文荟萃”之区

在我国历史城市或风景名胜地区，往往有奉之为“形胜”地区载入地方志者。它们往往是自然风景绝佳处，经长时间的历史文化积淀，有文人的题记、书法家的咏赞、庙宇的雕塑以及观望游憩之地等。既是自然生态系统，也是濒危野生动植物种群天然集中分布地，往往还有特殊价值的自然与历史遗址等。多年前我即有国家公园之议。十八届三中全会提出“国家公园制度的改革”带来一线曙光，建设国家公园措施多多，我个人认为对历史上山川形胜、艺文荟萃之区除了要积极保护之外，在合适地区应发动广大艺文工作者积极投入新的领域，创造更多的形胜（例如我在济南建议在城市北轴线黄河尽头处借历史上赵孟頫的名画《鹊华秋色图》将鹊山、华山融入在内建设国家公园，“借名画之余晖，点江山之异彩”）。

第十一章　学术感悟和研究团队建设

人居科学哲学方法论的顿悟

一、哲学思想与科学方法论的启蒙

1940 年代后期，我就学于沙里宁门下，对当时日新月异、巧立名目的种种“理论”，他颇不以为然，“普通常识已非普通之识（common sense is a sense of less common）”，他常常强调“思想方法（method of thinking）”的重要性，并通过一些例证来谈论这些问题，归之于哲学的思考，我一时似懂非懂，对字面的意思当然能懂，对深层的含义则并不懂。1950 年代回国后，我积极投入抗美援朝和工业现代化的大潮中，与此同时也开始学习马列主义哲学，接触到有关理论，虽错过了当时传为佳话的“艾思奇三进清华园”，但有幸听到过金岳霖的座谈会谈学习列宁《唯物论和经验批判论》的心得，电机系系主任章名涛在当时的“甲组学习”强调他的治学体会，“尽可能将自己的学术思想点滴心得和体会及时加以系统化，并不断更新知识发展”……蒋南翔就任清华大学校长后的第一件大事就是自己给教师开哲学课。

我哲学水平肤浅，但是逐步认识哲学的学习的重要性，并逐渐渗透到我的专业工作中。举个例子，蒋南翔校长曾经讲过：“工作做完，认识只完成了一半，总结以后，认识才算完成。”这启发我在可能条件下对工作注意及时进行总结，并力所能及地提升。

二、从学科交叉、“城市研究”、复杂性科学到融贯的综合研究

一个时代当它面临问题较多的时候，就唤醒诸多学人纷纷致力于尝试寻求这些问题的解决。“文革”之后许多学人潜心探讨问题的劲儿是非常可喜的。在大家干劲的鼓舞下，我刚安定下来，蕴藏在每个细胞内的力量就仿佛都被释放出来。1980 年代初，当时自然辩证法研究会认识到自然辩证法不能光搞理论，需要针对实际问题做研究。他们发现城市是在基层中矛盾最多而又弄不清的对象之一，因此就与当时的国家建委联系成立了专门的小型学术讨论会。正值我刚从西德回来，曹洪涛同志推荐我当组长，我也乐意承担。研究组最初人数不多，陈云的夫人于若木同志也来参加，默默听大家的讨论并时作笔记，我猜想可能陈云同志正在关心城市，或在探讨城市的相关问题。

四五次会议之后，参加人越来越多，形势就非常可观了。1982 年 12 月，由建委系统召开了“全国城市发展战略思想学术研讨会”，我作了“把城镇建设成两个文明的中心”的发言，会后万里、胡启立在中南海接见了部分代表。此后，参与人数与投入就多了，影响就更大了。

1984 年 1 月,在建设部召开了“中国城市科学研究会”的成立大会，时任副总理的李鹏同志参加了这次会议。会议由当时的城乡建设环境保护部部长李锡铭主持，会上指定费孝通与我两位学者发言，我的发言题目是“多学科综合发展是城市发展的必由之路”。这一概念的由来，先是 1983 年我访问香港大学期间，接触到跨学科（inter-discipline）研究的概念，我见到香港大学一位主要研究方法论的学者邓有成和他收集的一些

重要文章；另外1984年，中国科协召开了一次由“三钱”（钱三强、钱学森、钱伟长）倡导的关于交叉学科的座谈会，钱三强出席发言，曾认为：“在本世纪末到下一个世纪初将是一个交叉学科的时代”，对我震动很大，我代表城科会作了发言“多学科综合发展——城市研究的必由之路”。

当时城乡建设与环境保护部对要兴办的研究会到底叫什么名字还存在争议，有意见是“城市学研究会”，根据改革开放初期的学术界情况，我不赞成，建议宜用“城市科学研究会”，有利于多学科参与，而如果叫“城市学”的话又显得狭隘了，并且当时还说不清“城市学”的定义是怎么一回事。因此曹洪涛就采纳建议，将其定为“中国城市科学研究会”。

过了一个时期，又有些波澜，因为当时“城市学”这个词得到钱学森先生的支持，钱先生声望太高，曹老观念发生动摇，时任建设部常务副部长廉仲主管此事，对此很慎重，特别到我家里来，征询我的看法。我说当时持城市学主张者可能误受日本的影响，当时日本有Japanese Society of Ekistics（应译为“日本人类聚居学学会”，即世界人类聚居学会的日本分会），这个学会并不称为城市学，后来这个会又改名为Japanese Society of Habitat（可译为“日本人居学会”），并非“城市学会”。当时有一本讲各门科学发展道路的法文小册子（根据栗德祥从法文翻译而了解），其中认为“城市学（Urbanology）内容太庞杂，在没有将有关城市的问题作全国尺度的研究的情况下，有些提倡者将城市纳入一个学科，实属“狂妄自大”，因为能把城市里面所有的东西都包括在内，难于做到。因避免伤及一些人，这些意见我在会上从未引用过。当时我只把这段话的前半部分告诉了廉仲，他心中有数了，因此后来“中国城市科学研究会”的会名就被一直沿用下来。时至今日，无论国内外都有学者仍持“城市学”论，并有所著述，亦宜认真对待[1]。我年事已高，无意再挑起新的论战。

城市被提出来，城市科学被讨论，这个事情是从自然辩证法研究会（当时与该会的具体联系人是周林）首先提出的，颇给人以启示，城市以及复杂的科学问题研究离不开哲学和方法论。

回过头来看建筑学，得到顿悟：建筑学既然与多学科相关，为何不尝试逐一分析，借此试对建筑学的概念进行拓展？我分析与建筑有关的若干基本要素，形成《广义建筑学》，其中第九章即专门讨论方法论。最后为探讨走向整体的途径，在方法论中归纳为“**系统观**”与“**融贯的综合研究**”。这些认识对后续研究启发极大。

三、城市研究的哲学基础：对立统一规律在城市建设中的运用

1988 年，我在第七期市长研究班上运用哲学的观点回顾了中国乃至世界城市规划历史中富有哲理的事件，提出城市规划必须在哲学思想指导下对多种理论做统一的思考，包括：集中与分散、控制与发展、建设与破坏、偶然与必然、理想与现实，等等。

例如：偶然与必然。1952 年 12 月英国的“伦敦雾事件”值得我们注意，这一事件死了好几千人，被称为“伦敦的无比大事”，全世界为之注目，后来研究者查阅历史资料发现在 1873 年 12 月、1880 年 1 月、

---

1 “……1945 年人们对如此多城市居民涌入城市毫无准备，汽车数量增长，窒息了城市，它促使我们提出用于城市规划的社会预测和未来学方法。既然今日的城市规划已告失败，就必须创造一个被马塞尔·科尔尼（Marcel Cornil）称之为‘城市学’的新学科……然而要认识城市，几乎需要人们称之为‘人文学科’的所有学科：人口统计学、经济学、心理学、文学、历史，正是由于这些不同学科带来好处……我们将要加上生物、生态学……当然还不限于上述所列。‘城市学’只能是一个多学科工作的结果，而在为试图理解和解决现代城市问题之前，少数人想承担城市规划的奢望，似乎是一种危险的狂妄的自大。”——米歇尔·拉贡（Macel Ragen，《现代世界建筑与城市规划历史》）

1882 年 2 月、1891 年 12 月、1892 年 12 月也都发生过，只不过没有 1952 年那么严重，没有死那么多人，而未引起足够的重视。现在中国北京及其他地区雾霾实践，政府应采取措施，我们应认识其严重性，必须严肃认真对待。

又如：理想与现实。城市规划工作的内容需要高瞻远瞩、面向未来，因此不能没有理想，一个毫无理想的事务家很难说是杰出的、称职的城市规划家。但规划工作者与乌托邦主义者不能等同，他们之间的区别在于城市规划工作有目的、有方法、有途径去促进其实现，即城市规划工作者必须是现实主义者。但规划工作者必须在高昂的热情中不忘理想，并能解决难点。但对规划工作每每有两种片面性：一种夸大规划的作用，以为事物可以为一些主观的意志所左右；另外一种错误是不建立在科学基础上的规划决策，也常常导致严重的失败。英国规划理论家 Peter Hall：《重大的规划灾害》（*Great Planning Disasters*）一书就列举了几个重大的规划案例的后果，应当引以为戒。

四、以问题为导向

现实世界中问题多，可怕的是习以为常，轻轻放过，不去认真思考。而是要有“问题意识”，注意发现问题，思考问题，认识到问题的严重性和其源头所在，探索怎样才能解决。一切重大问题得以解决基本都依靠这样的思考过程。

成功者都有类似牛顿的被掉下苹果砸到的经历，有问题，认真求索，别觅蹊径，得以求解，科学才能前进。以菊儿胡同“类四合院”住宅为例，在体系完整的四合院街坊内插入五层楼高的单元式住宅，会破坏传统京城的整体性。能不能围绕着大树布置二三层楼房四合院，每家有厨房洗手间、并能通风日照，并且共享庭院休憩空间？这种布局方式的设想并不难，早在 1978 年进行的什刹海合院设计时就有考虑，有人批评其不现实，因为它难以达到单元式五层楼的容积率（F.A.R.），为了达到 1.2 的容积率，我从 1981 年起一直到 1988 年，用了约 8 年时间，历经若干方案，才最终达到这个要求。正逢当时“危旧房改建”机会的到来才得以在菊儿胡同的一期与二期实施，这经验就是“以问题为导向”并加以持续探索。

我从事建筑设计不多，但我总认为我们人居环境问题无所不在，设计无所不在（Design in Everywhere）。我以这种方法论推进我的工作多年。2002 年我在柏林参加国际建协第 21 次大会，有一个发言者称“以问题为导向”（Problem Oriented），这与我多年奉行的方法论契合，通过实践我体会到学术探索的机会女神常常向我们迎面走来，但也很容易交臂失之。问题无处不在，创新的契机所在皆是，需以求索的精神攻克难关，才能打开新的局面。

五、复杂问题、有限求解

城镇化是社会复杂巨系统的一个演化过程，涉及人口、资源、环境、交通、住房等多个方面，且诸多因素又相互关联，千头万绪，错综交缠。城镇化是多方面综合发展的结果，是一个长期的历史过程。我们无法用一个简单的目标或指标来进行概括，也不太容易得到一个特定的预测与规划。

1989 年，我在《广义建筑学》的第九章中专门讨论方法论，归纳为“系统观”与“融贯的综合研究”（即探讨走向整体的途径）。[1]2001 年，《人居环境科学导论》中，基于长时期的思考与实践探索，从复杂性科

1 吴良镛．广义建筑学 [M]. 北京：清华大学出版社，1989.

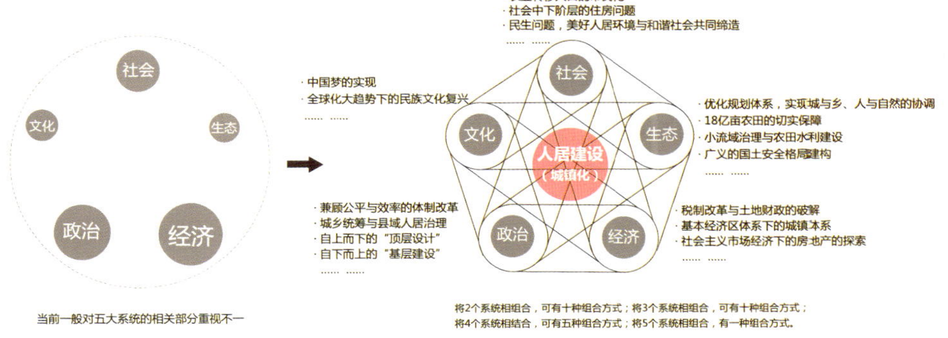

“五位一体”与人居建设

学的角度，对于开放复杂巨系统的求解问题进行了理论上的总结与提升，提出“以问题为导向”“庖丁解牛”与“牵牛鼻子”等[1]。最近中央提出：“更加注重改革的系统性、整体性、协同性”[2]、“以重大问题为导向，抓住关键问题进一步研究思考”[3]，这是与人居科学长期以来的主张相一致的。当前的发展现实更为复杂、多变，简单的跨界、交叉学科等已经不能完全解决问题，为今之计，应当更加自觉地运用复杂性科学的思想指导实践。宜乎采取“复杂问题有限求解”的方法，以现实问题为导向，化错综复杂问题为有限关键问题，寻找在相关系统的有限层次中求解的途径。正如《淮南子·诠言训》所言：**“非易不可以治大，非简不可以合众。大乐必易，大礼必简。”**当然，这并不意味着将复杂问题“简单化”，而是在保留对象复杂性的前提下，进行综合提炼，寻找关键点，也就是事物的“纲”，集中聚焦。纲举而后目张，以此“战略规划”（纲）带动全面的“行动计划”（目），应当可以较为审慎地、切实地解决面临的

1 吴良镛．人居环境科学导论 [M]．北京：中国建筑工业出版社，2001.

2 十八届三中全会会议公报。

3 习近平．《中央关于全面深入改革若干重大问题的决定》的说明。

实际问题。

“十八大”报告中提出:“全面落实经济建设、政治建设、文化建设、社会建设、生态文明建设‘五位一体’总体布局”。三中全会进一步指出:“加快发展社会主义市场经济、民主政治、先进文化、和谐社会、生态文明。”可以认为这是城镇化发展的一个明确的前提，从整体出发，抓住了要害，将复杂性分为若干方面。“五位一体”意味着：不是聚焦于某个问题（如经济问题）或以某一方面（如城镇化率）走单一道路；也不是面面俱到地将问题无限复杂化（面面俱到≠整体观）；而是追求“复杂问题的有限求解”。如果说，在传统的农业社会，政治、经济、文化、社会、生态等五大系统还处在一个相对均衡、稳定的状态，那么随着现代化、工业化、城镇化的推进，如今，上述五个系统则已经出现了比重失衡且各自为政的局面，亟须重视系统之间的交叉联系，建立一种新的平衡状态。

荣誉与挑战

人居科学经过几十年的理论与实践探索，取得了一定的成绩，也获得了肯定，2010 年陈嘉庚奖的获得可以说是得到了科学界的认可，2011 年国家最高科学技术奖的获得可以说是得到了国家和社会的认可。

2010 年，人居环境科学作为“原创性重大科学技术成就”获得陈嘉庚技术科学奖，获奖评语中说：“**人居环境科学以建筑、城市规划与园林为核心，整合地理、生态、社会、工程等相关学科，构建有中国特色的科学体系，丰富拓展了建筑学与城市规划学等学术领域。人居环境科学理论针对建设实践需求，尊重中国历史传统与文化价值，为当代大规模城乡空间建设提供科学指导。吴良镛负责起草的国际建协《北京宪**

章》，引导建筑师、规划师全方位地认识人居环境问题，为世界人居环境建设提供指引。”可以说人居环境科学得到了科学界的认可。

2011 年度国家最高科技奖的获得，则可以说是得到了国家的认可。在评审委员会的评审意见中说：“吴良镛院士是我国人居环境科学的创建者。他建立了以人居环境建设为核心的空间规划设计方法和实践模式，为实现有序空间和宜居环境的目标提供理论框架。人居环境科学是研究人类聚落及其环境的相互关系与发展规律的科学，发展了整合建筑学、城乡规划学、风景园林学等核心学科的方法；针对实践，提出区域协调论、有机更新论、地域建筑论。组织科学共同体，发挥各学科优势；成功开展了从区域、城市到建筑、园林等多尺度多类型的规划设计研究与实践。他先后获得世界人居奖、国际建筑师协会屈米奖、亚洲建筑师协会金奖、陈嘉庚科学奖以及美、法、俄等国授予的多个荣誉称号。吴良镛院士潜心于教育事业和科学研究与实践，至今仍活跃在科技事业前沿。”在获得最高科学技术奖之后，国家天文台又命名一颗小行星为“吴良镛星”，这是莫大的殊荣。

这些奖项的获得，对我及我的集体而言，长期的工作获得了肯定，长期研究的理论探讨得到了检验。前进过程中，可以说，我们的工作是持之以恒的，是出于对现实需要的认识，出于多年来对国计民生的关心。奖项的授予虽然是给予我们荣誉，是给予志同道合、共同奋斗的集体成果的最高荣誉，但不能视之为光环，而应看作是社会责任与社会义务，是激励我们继续在人居环境科学的道路上奋发前进的动力。

获奖之后，令我告慰的是，得到朋友、同行们和部分相关部门的热情祝贺，普遍感到此次获奖体现了本行业得到国家和科学界的高度重视，因而备受鼓舞。我过去曾进行研究与实践的城市和地区，对我的工作也

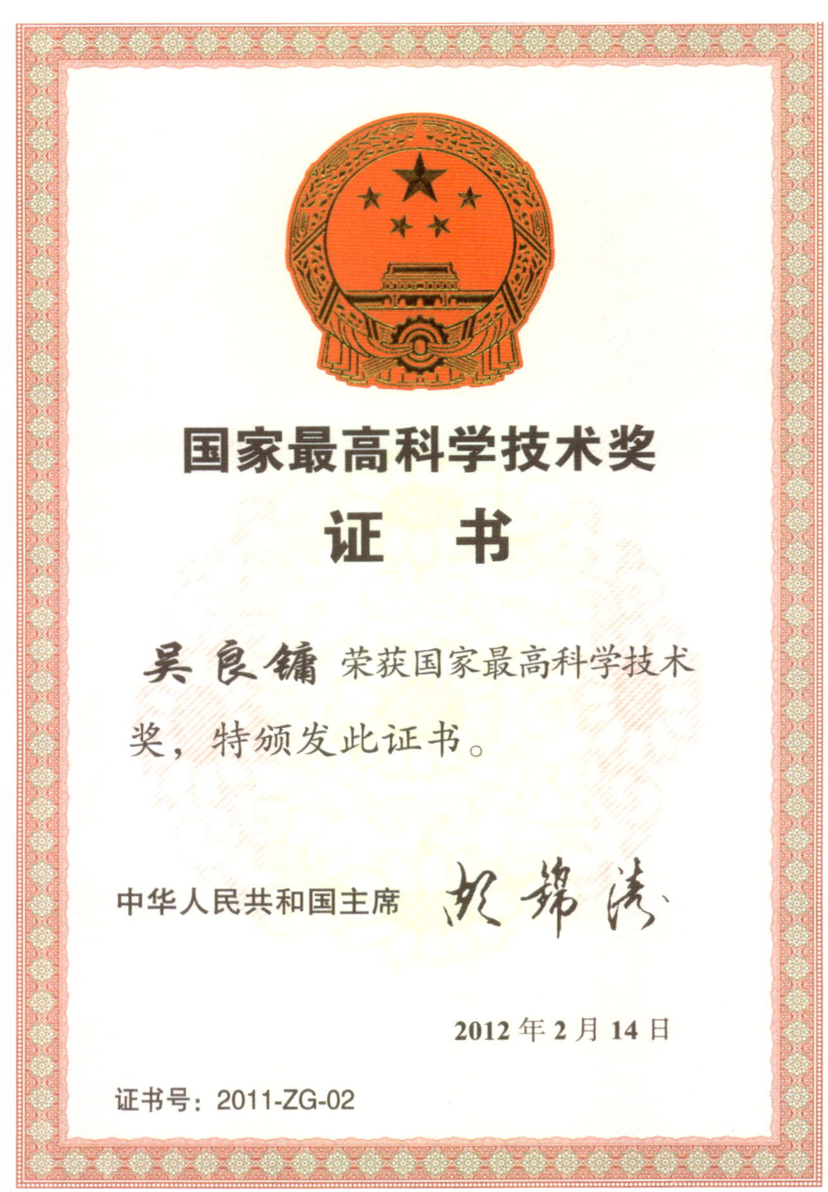
国家最高科学技术奖

证 书

吴良镛 荣获国家最高科学技术奖，特颁发此证书。

中华人民共和国主席

2012年2月14日

证书号：2011-ZG-02

国家最高科学技术奖证书

小行星命名证书

中国科学院国家天文台施密特 CCD 小行星项目组于 1995 年 12 月 2 日发现的小行星 1995XP2，获得国际永久编号第 9221 号，经国际天文学联合会小天体命名委员会批准，由国际天文学联合会《小行星通报》第 91790 号通知国际社会，正式命名为：

吴良镛星

空间轨道根数（J2000.0 黄道及春分点）

吻切历元时刻：	2014 年 12 月 09 日零时（历书时）
轨道半长径：	2.2655323 天文单位
轨道偏心率：	0.1836115
近日点角距：	180.24198 度
升交点黄经：	210.18066 度
轨道倾角：	2.4391161 度
平近点角：	224.34093 度
绕日运行周期：	3.41 年
绝对星等：	14.3 等

（《小行星通报》第 91790 号，2015 年 1 月 5 日）

中国科学院国家天文台
二〇一五年一月五日

小行星命名证书

进行了回顾并给予中肯的评论，如：北京、天津、河北、江苏、南京、苏州、广州、保定、苏州、南通、济南等，对于这些我都心存感怀。特别是中央台《影响》对话中邀请到《工人日报》编辑部主任石述思先生的一段话，甚获我心，心动不已。“吴先生是我一直非常景仰的一个学者。如果说他的贡献，我觉得用两句话评价，我个人的感觉：第一，他是个集大成者，他是影响做事情的人，所以符合本栏目的标题——‘影响’，活着就是为了影响世界；第二，吴良镛先生从事这个行业，卡在了中国社会经济快速发展剧烈转型的夹缝中，因此他是一个高超的舞者，他在走很多条钢丝：传统和现代的钢丝、东方和西方的钢丝、政绩和民生的钢丝。要走好这样的钢丝，他必须提出一个能够让所有人信服的一个方法。这个社会，我们感受到城市快速发展带来的繁荣，带来的美好，同时也在经历快速工业化、城市化带来的阵痛。面对很多的问题，面对各种力量的博弈，当然核心的力量可能我们都明白，城市发展和民生诉求之间的矛盾。那你作为一个集大成者，就需要做一个事儿，像所有的集大成者一样，面对矛盾，要发扬一种精神，这种精神叫不抛弃、不放弃，前提是不抱怨，寻求最大公约数。……吴良镛先生其实一直在坚持建筑和城市发展的基本规律。”

2015 年，面对城乡规划领域的现实发展问题，响应国家建立中国特色智库的号召，我们成立了人居科学院，推动人居科学不断发展。在理论上，人居科学还有待进一步深入发展，还要有一些积极的课题要去面对，才能够跟上时代需要。在实践上，作为建筑和城市规划的工作者，还是要积极工作，努力以赴，要对社会做出更大的贡献。

人居环境涉及复杂的多方面的问题，人民安居、国家发展，莫不与此紧密相关。概括来说需要处理“经济”“社会”“人居”三个领域的问题。这三个领域并非孤立，而是有千丝万缕的联系，要以现实问题为导向，寻找突破口，协调彼此间的关系，整体推进。如果从学术发展的角度进行宏观归纳，则兼容“科学”“人文”“艺术”，基于三者的融贯综合，面对不同的问题，各有侧重地加以发展。

当前城乡发展的现实问题错综复杂，新生事物又不断涌现，人居科学的探索犹如在汪洋大海中行船，必须有明确的纲领才不至于陷于迷惘。**“一引其纲，万目皆张。”**（《吕氏春秋·用民》）人居科学未来的发展有赖于广大同行秉持共同的纲领，形成科学共同体，探求人居新境！

研究所的三十年

清华大学城市与建筑研究所自1984年成立至今已经30年了，人居环境科学正式提出至今也已经二十余年，最初只有半个房间、一张桌子、两个凳子。回顾既往，研究所作为清华大学的教学科研单位，并无固定的研究经费，从毕业生中留下的人，作为科学共同体一起开展课题研究，自审还是做出了有一定质量的工作，这得益于我们始终以发展学术为己任，一直把在理论上有所贡献作为对自己的要求。

回顾研究所的三十年，大致可分为四个阶段。

一、创业维艰

在我1984年卸去系主任之职后，当时的张维校长被任命为新成立的深圳大学校长，他也确有激情，希望一展抱负，他邀约我到深大创办建筑系。我回顾1946年秋随梁思成来清华筹办建筑系，作为一项终身事业，奋斗近40年，我深知办一个系是多艰难，若去深大已经没有那么大的精力了。因此我辞谢了，同时开始着手在清华创办研究所。研究所起步非常艰难，为了避免对我原所在的城市规划教研组的工作造成影响，原来的课题、人员、经费一律不带，有一位本科毕业生杨志中同志任助手和少量研究生如左川、毛其智等共同工作。后来陈保荣同志从香港大学进修归来，愿意在研究所工作，这样就算增加了一位成熟的教师。初建经费紧张，只有教育部科研课题“城市结构与形态”的两万块钱作为开办经费。现在看来这点经费不算什么，但当时申请相当不易，而且还起了大作用。

二、开创新局面

此后到1980年代末，是研究所开创新局面的阶段，这个阶段完成了两件大事。一件大事是1989年《广义建筑学》出版，后来得到国家教委的科学进步一等奖。另一件是“亚运会”工程任务研究,开始时很顺利，体委原定亚运会选址在五棵松，我提出应该集中与分散相结合，宜集中的应该在中轴线上，其他的分散在各区，赛后改作地区的文体中心。当时体委很赞同，邀请清华承担此任务。后来委托方主持人想另建主赛场，作为进一步申请奥运会的基础，这需要大拆大建，清华方案主张以原有的工人体育馆为基础扩建，双方在原则上产生了分歧。但清华的方案本着在学术上“经济时空观”(即随着任务的推进进行建设,开拓发展空间，以节省经济成本，详见《广义建筑学》)，得到了决策方与建设部的认可，并得到了国家教委的奖励。随着新世纪奥运会的筹划，更足以证明我们

2008年下班回家

城乡规划
URBS ET REGIO
Sonderband
38/1986
A Brief History of Ancient Chinese City Planning
Wu Liangyong
城市规划设计论文集
廣義建築學
北京旧城与菊儿胡同
我国建设事业的今天和明天
发达地区城市化进程中建筑环境的保护与发展
世纪之交的凝思：建筑学的未来
滇西北人居环境可持续发展规划研究
人居环境科学研究进展
(2002—2010)
Rehabilitating the Old City of Beijing
Wu Liangyong
人居环境科学导论
Introduction to Sciences of Human Settlements
吴良镛
学术文化随笔
UIA BEIJING CHARTER
—The Future of Architecture
CHINA HOUSING 2000
曲阜城市提案
QUFU URBAN PROPOSAL
Wu Liangyong
Kim Seok Chul
吴良镛选集
中国城乡发展模式转型的思考
张謇与南通"中国近代第一城"
中国建筑与城市文化
南水北调中线干线工程
建筑环境规划
吴良镛论人居环境科学
WU LIANGYONG: ESSAYS ON THE SCIENCES OF HUMAN SETTLEMENTS IN CHINA
京津冀地区城乡空间发展规划研究
京津冀地区城乡空间发展规划研究二期报告
京津冀地区城乡空间发展规划研究三期报告
中國人居史
明日之人居
WU LIANGYONG: FUTURE HUMAN SETTLEMENTS
"北京2049"空间发展战略研究
人居艺境

近年出版著作

当时的坚持是正确的。这一阶段我们还从事了一些其他工作，如厦门规划、桂林中心区详细规划等，因地制宜地开创了当时城市规划在区域规划、空间战略研究、控规及城市土地利用规划的先河，逐渐为研究所的工作与理论建设奠定了基础。

三、走向国际

这一阶段是1980年代末到2000年，也有三件大事可述。一是菊儿胡同工程获得世界人居奖。这个奖与现在的联合国人居奖不同，由英国住房与社会住宅基金会主办（负责人是Peter Elderfield），在联合国总部召开，相当隆重，由当届联合国大会主席来发奖。另一个是与加拿大温哥华不列颠哥伦比亚大学人居中心（当时主任为Brahm Wiesman，后与我为挚友）联合申请CIDA国际合作项目“亚洲城市网”（原名亚洲人居环境规划研究），开展了中国的特大城市、中小城镇和旧城等研究。虽然后来校主持者人员发生变化，由A. Laquian教授继任，但还是圆满地完成了这项研究任务。再一个是1999年在北京召开的国际建协第二十届世界建筑师大会，在距开幕不到两年时间我才接到任务，为了开好会，在世界上发出我们建筑界的声音，我与当时作为博士研究生的武廷海花了大半年时间为会议准备UIA《北京宣言》，后经执行委员会审查以其内容充实，正式将此文件定名为《北京宪章》，以五国文字发表，并将研究成果结集为《建筑学的未来》发表。评论者也有人将《北京宪章》与“二战”期间的《雅典宪章》、战后的《马丘比丘宪章》相比较，认为《北京宪章》是对新世纪建筑方向的指引，当然这也有褒奖之意。这三件事之后，研究所的工作就与国际接轨了，得到了国际的承认、信赖和荣誉。

除此之外，这期间我们还成功申请了国家自然科学“八五”、“九五”两个重点项目，开展了“发达地区城市化进程中建筑环境的保护与发展”和“可持续发展的中国人居环境基本理论和典型范例”的研究，并与云南省合作,开展了省校合作项目“滇西北人居环境可持续发展规划研究”，这个研究为云南省申请三江并流世界自然遗产的成功及开展国际合作奠定了基础。

四、“攀登科学高峰”

进入 21 世纪，研究所以在撰写《北京宪章》的同时开展的大北京研究为基础，努力推动京津冀空间规划的研究，在各级政府领导和多个领域专家学者的支持下，完成了《京津冀地区城乡空发展间规划研究》报告。这是进入新世纪对京津冀区域发展的最早研究，成果得到社会各界的重视。北京、天津市政府由此委托研究所团队开展北京、天津城市空间发展战略研究，参加北京城市总体规划修编，并以此为基础，完成了国家自然科学基金重点项目：“可持续发展的中国人居理论基本理论和典型范例”。并“十年磨一剑”，完成了《中国人居史》的写作，等等，人居科学理论渐趋系统完整。

人居环境科学的工作得到了清华大学校方的重视，列为建筑学院学科发展的基础，2010 年陈嘉庚奖的获得说明人居科学获得了科学界的认可，2011 年国家最高科学技术奖的获得说明获得了国家的认可。这是对我们莫大的肯定和鼓励，激励我们在科学探索的道路上继续前进。

2014 年 9 月和 11 月，当建筑与城市研究所成立 30 周年之际，我们先后在中国美术馆和中国国家博物馆举行了“人居艺境：吴良镛书法·绘画·建筑作品展”与“匠人营国：吴良镛·清华大学人居科学展”，与后者同期举行了以“人居科学与区域一体化发展”为主题的第四届人居科学国际论坛。此外，“十年磨一剑”的《中国人居史》亦于2014年正式出版，并于11月举行了“《中国人居史》首发式暨人居历史与文化学术研讨会”。这两会两展的召开都非常成功，其前期筹备十分不易，是对这几十年的工作进行梳理、提炼、再推进的过程，产生的效果远远超出了我们最初的预期。其成果与社会、文化反响也可以表明人居科学的理论与实践已经得到了学术界乃至社会各界的广泛认可，研究所团队的成熟令我们欣慰不已，也更激发我们继续进行学术探索。因此，有必要在两会两展之后及时进行实事求是的总结，既是深化原论，亦是开启新篇，推进人居科学面向未来实现更好的发展。

人生的道路有很多十字路口，每一个人生阶段，越过路口始能前进，错过了就难于回头，因此把握大方向非常重要。对此，我体会很深。抗战在云南前线中缅会师后，如果不是我想回中大念书，而是随战后复员，去从就很难说了；1950年底我没有应梁先生祖国“百废待兴”之约，毅然从美国回来遭遇就难说了；1983年，在我卸去行政职务后，张维校长邀约我去深圳大学开创建筑系，如果未谢绝，也不会有后来的人居环境科学的领悟，尽管在研究所创办的过程步履维艰，但是挺过来，在不大的团队共同努力下，有了现在的成绩，堪以共慰，所以在每一个十字路口的选择很重要。

我为什么选择了这样的一条路，我想还是因为心中大体有个志向，那就是要求学，到后来是做一点科学工作。要说开头的愿望有多么强烈，多么明晰，倒不见得，但志向不断在增强。一个人人生的大方向，自己一开始并不太容易全然掌握，但主观能动性还是能起到一定的作用。

在道路选择上，我觉得算比较幸运，这其中还有一个道理是“择其善者而从之”，从求学开始到现在，总有好的榜样。最近逝世的吴征镒，前面所说的冯康等都是我非常敬佩的学人。“择其善者而从之”的另一层含义是对道不同的人往来自然会少。

一个人的年龄逐渐增长，学术的渐近，学术的探求也是要一步一个台阶。每一个前近的道路上，都能或多或多少意识到更高的台阶。我办建筑与城市研究所是一步一个台阶地走出来的，从研究所工作的顿悟下逐渐探索更高的境界。

五、珍惜队伍的成长

创办研究所，研究所是一潭活水，开始只有我一个人和一个刚毕业的助教杨志中，工作若干年后杨志中赴美学习，又有左川、毛其智、吴唯佳、朱文一、武廷海等。每个学生、每个人都要成长，有的时候他另有志趣，也可以离开，这个很自然，出去也许有更好的发展（有的出国了，没有回来，谋了个职位也尚未有多大作为，留下来的却也起到更大作用）从学生到先生，到大家一起成长，后来变成核心，“待到山花烂漫时，我在丛中笑”。

改革开放后对教学集体之负责人有多种称谓：“学术带头人”“博士生导师”等。我们这个研究所，人员很少，也没有充足基金，关键有一个精炼的志同道合的团队，有追求，有探索，有锐气，保持对新事物的敏感，面对问题，迫使自己跟着问题前进。过去教育部一度试行优秀博士论文奖的制度，研究所曾有两位同学得了全国优秀博士论文，一个研究“北京旧城更新”，一个研究“地区建筑学”，题目都基于研究所多年来的研究和实践积累。导师要关心研究生的成长，尽可能对重要阶段更精心，要为学生提供更好的条件，促使他成长。导师作为学术带头人，要在学术的核心问题上有思考，有见解，拍脑袋是不行的，一个论文不要有硬伤，如果有硬伤，是导师的问题。我们开展“中国人居史研究”，形成了新的团队，促进学生成长，也推动研究所课题的发展。形成团队有个条件，一就是要尊重师长，研究所一般来讲对老师是尊重的；二要爱生，过去有一个说法“同在一个战壕的战友”，这是对的，现在不知为什么这样不说了。团队的形成对导师、同学都很有益处，梁先生曾经勉励我“君子爱人以德”，我自审很多事是“困而知之”，方有所领悟。我记得在济南的中轴线设计研讨中，我对问题一筹莫展，在会前午睡醒来一小时，我突然从《鹊华秋色图》中获得灵感，迸发出火花，找到解题线索后，得到地方认可，得以推行。

做事情总要存在人与人、人与事的关系，在一定的空间下工作，上面有领导，有多部门，左右有协同做事的人。团队内部如果不善于处理，会影响情绪，也带来困难，甚至隔阂，所以要有超脱的境界。成立了研究所，在最初学校拟案的级别关系上，研究所和学院平级，发展过程中我既无意做“齐天大圣”，但也不甘于做“弼马温”，而力求有所开拓。我们的科学研究事业也有其尊严，可以共同目标、共同理想、共同的事业作为前提，需要在可能的情况下力争排除困难前进。困难的时候在学院内不能立足，一间房子都没有，但是借一个地方我们还是继续开展了。如果说，一时别人对我们有所误解，时间一长，是会化解的；如果是一己的缺陷，也不“饰非”，总之前人说:“愚者求助于人，智者反求诸己”，这里面道理大得很。只要不断前进,“精诚所至,金石为开”,可终有所成，得以自慰。

研究的队伍是逐渐成长、形成的。吴唯佳是天津大学建筑系教授沈玉麟的硕士生，毕业后推荐于我作为博士研究生，加入我的研究团队。

当时教育部与西德招收第一批联合培养博士生，吴唯佳经我推荐得以入选，赴德国慕尼黑大学建筑系阿尔伯特门下求学，阿为西德城市规划学会主席，在西欧规划界久负盛名，吴在阿门下约 7 年，我一直与他保持联系。在他获得博士学位后，我即邀请他回国，他也是中德联合培养归国的第一人。吴归国后即参加国家自然科学基金长三角项目，是苏锡常部分的参与者，系报告之撰稿人，以后又主持滇西北、京津冀项目，担任研究所所长，城市规划系系主任。总而言之，人居科学的发展是团队共同努力的结果，教与学的结合，老师和同学教学相长，共司探索科学道路，例如前文述及的章肖明的硕士论文对道氏学说作系统整理，进而对《人居环境科学导论》一书做出贡献并促进与 WSE 的沟通就是一个典型案例。

1986 年在研究所

第十二章 明日之人居：科学人文艺术融汇

作为建筑领域的学人，我们的知识与实践经验非常有限，但是我们坚信在文明发展的进程中有一点是始终不变的——时代需要大思想、大战略、大手笔，社会要进步，人类要追求更加健康美好的生活。人居环境建设是人类共同的事业，人居环境科学有广阔的发展前途。

人居科学要走向“大科学”，有远见的智者已经认识到，无限制的发展工业文明模式是不当的，人要与地球共同进化、相互依赖。人居科学需要更多地与相关科学技术相联系，例如：能源学、环境学、生态学、信息学等。

人居科学要走向“大人文”，“民惟邦本，本固邦宁”，要将“便民生”作为一条基本准则，住房与社区建设、城乡统筹发展、生态修复、人文复兴等，都与此息息相关。

人居科学要走向“大艺术”，人居环境是各种文化艺术的综合集成，包括文学、绘画、雕刻、工艺美术等。人居环境的创造要把美学上抽象的美，化为无所不在的空间的美、生活的美、融汇的美。

科学、人文、艺术的融汇就是“人居之道”！

三位一体：学科的展拓与融合

人居环境的问题随着社会、环境的变化将越来越复杂，面临的挑战将愈发严峻，与此相应，也就愈来愈要展拓新的学科参与到解决人居环境的问题中来，将已经成熟、达成共识的学科知识组成人居环境科学的知识体系，以应对人居环境面临的共同挑战。

第一，建筑学、城乡规划学、风景园林学是人居环境科学的核心学科，已开展大量工作，是大有可为的领域。根据国务院学位委员会、教育部公布的《学位授予和人才培养学科目录（2011 年）》，三者同时位于我国 110 个一级学科之列，它昭示了学科发展应更上一层楼，以人居环境科学为总的方向，进入新的阶段，达到新的境界。一方面，单个学科应分别深入发展，与人居相关的学科要聚焦，适应绿色发展、生态发展等新趋势；另一方面，也要不断交流，走向融合，从而强化“三位一体”的主导学科群的凝聚力量。

第二，面对错综复杂的人居环境问题，应对与相关学科交叉部分进行更为具体、深入的研究，促进多学科学术共同体的进一步发展。人居科学涉及的科学问题极广泛，生态问题可谓是其中最为严峻也最为迫切的问题，已经关乎人类生存的根本，这些新的挑战也酝酿了相关科学的革新。就人居科学研究而言，需要更多地与相关科学技术相联系，包括节能、减排、生态的保护与恢复、地理信息等，为能源的匮乏，土地、淡水等资源的紧缺等提供有效的科学对策，并探索某些传统学科改造、发展的途径。

国计民生：自上而下与自下而上相结合

自上而下，也就是**战略规划与“顶层设计”**。**“不谋全局者，不足谋一域。不谋万世者，不足谋一时。”**面临大规模快速城镇化，要从战略高度谋划城乡发展，在大框架下确定未来发展路线，而有关战略构想又须通过可操作的措施落到实处，引领城市科学发展。当然，这种从中央到地方的多层次的“顶层设计”，不能满足于已有成规，而要因时代变化而重新进行检验；同时，其途径也因时因地而异，并不能等量齐观，有赖于各方参与者的共同努力，既有决策者的关键性作用，也需要有**智库的创造性的贡献**，两者相辅相成。

自下而上，就是**重视民生与建设完整社区**。古语有云：**“民惟邦本，本固邦宁”**，国家的发展要**以人为本**，国家的政策要重视民生。社区是人最基本的生活场所，社区规划与建设的出发点是基层居民的切身利益与生活需要，不能仅当作一种商品来对待，必须要把它看成从基层促进社会发展的一种公益事业。通过对人的基本关怀，维护社会公平

2010 年 10 月上海世博会闭幕式全球高峰论坛上，呼吁发展面向社区的人居环境

与团结，最终实现和谐社会的理想。这之中不仅包括**社会住房**（social housing）问题、**适宜住房**（affordable housing）问题，还包括教育、服务、治安、医疗保健、休闲娱乐等多方面因素，应逐步走向**“完整社区”**（integrated community）的概念。尤其是在老龄化社会来临的今天以及灾害后社区之恢复与互助，棚户区改造等完整社区的建设尤为重要。

我成长于抗日战争的硝烟之中，亲历百姓不得安居之苦楚，建设美好人居的种子自幼时即埋藏于心间。

人居环境的核心是人，是最大多数的人民群众。人居环境与每个人的利益切切相关，是人类的基本需求。人居环境科学是普通人的科学，人居环境建设是全人类的共同事业，创造有序空间与宜居环境是治国安邦的重要手段。人居建设是国家战略，也应当从战略科学的高度来认识人居科学。

人居艺境：审美文化综合集成

20 世纪四五十年代，对于“建筑空间”的认识有广泛的讨论。1947 年，赖特与梁思成先生晤面时，引用老子的话“埏埴以为器，当其无，有器之用”，意在表达发挥作用的事实上是其空的部分，梁先生归国后常提及此事。我在美国读书时，沙里宁师常谓：“Architecture is art of space in space”（建筑是空间中的空间艺术），并说“Design is everywhere”（设计无所不在），认为这是建筑与城市设计的真谛。体形环境（Physical Environment）及其后场所（Place）等概念的出现可以认为是与这些思想息息相关的。这引导我们在当前城乡建设复杂交织的多方面问题中，重新思考空间规则、形体秩序的重要性，现在被广泛指责的“千城一面”“大裤衩”等畸形建筑就是时代的病症，城市美的疮疤。

《人居艺境》展览海报

近些年来通过对中国历史上人居环境的变迁和发展的研究，我对艺术、美学与环境等又有些新的领悟：**人居建设要结合自然山川与人工聚落、要统筹大中小城市至镇村的布局形态。它不只是物质建设，也是文化建设，既要创造物质空间，也要创造精神空间，这就要求人居环境的营建要有高超的美学境界，其中蕴藏着丰富的审美文化。**中国历史上的人居环境即是以人的生活为中心的美的欣赏和艺术创造，因此人居环境的美也是各种艺术的美的综合集成，包括书法、文学、绘画、雕塑、工艺美术等，当然也要包括建筑。如：室内之书画与家具陈设（特别是明式家具流畅简朴的线条空间之处理）、厅堂之匾额、室内外之对联，乃至于庭院之藤萝花木所带来的光影变化，假山怪石的绝妙组合，变化中又有统一，空灵中又有充实，令人心醉，只有心领神受才能领略到这种综合的、流动的美感。这可以中国古人常用之“艺文”一词强以概之。在我国历代的史书、方志中往往将当代有关图书典籍汇编起来，称为“艺文志”，最早见于《汉书》，历代志书中的“艺文志”都是那一时代各个艺术门类的综合呈现。

人居环境的创造要把存在美学上抽象的美，化为无所不在的空间的美、生活的美、立体的美、民俗的美、融汇的美。这是各类艺术融合的美，历史上曾经有所尝试，但往往要费周折。“文革”期间，1970 年代初，由于外事活动需要，决定对北京饭店进行扩建，我曾有幸参与，当时的门厅、侧厅由于分散很难进行整体设计。于是我提议，创作《长江万里图》，从出海口一直描绘到长江源头，这一建议得到万里同志的赞同，组织者邀请了艺术家，吴冠中、黄永玉、袁运甫等都参加了，他们一路逆江而上写生，到了三峡，遇到四人帮捣乱，被批“黑画”而不得不撤回，我曾看过他们的画稿，很精彩，但事后没人过问，也没有展览，不了了之。如果专辑成册，当是非常有价值的传世之作。多种艺术综合集成，可以使得绘画、雕塑进入新的境界，但关键还在组织、有主题思想，在融贯、在匠思、在引导、在赞同，队伍涣散了就功败垂成。

从我自己的经历来说，虽然在建筑专业从事工作，但学习中受到绘画老师的影响颇多，特别后来到美国匡溪，看到各种艺术家为了一个目标一起工作，体现在各种著名的公共空间的创造，给我很深印象。这也是我所理解的“人居艺境”还是很有内容的，很有前途的艺术领域。

《匠人营国》展览海报

途中写生

我七十岁时在清华办了个人画展，后来又加入全国城市雕塑建设指导委员会，八十岁出版了画集，那时候我希望能在绘画和建筑两条平行的领域互为启发。这么多年过去，参观了很多地方，感觉到**不仅仅是两条平行领域**，而是文学、艺术、绘画、雕刻、工艺美术等综合集成，是艺文的综合集成，敦煌建筑艺术、云冈石窟等都是这种体现，这就是“大艺术”的含义，建筑、城市、园林的综合，再加上艺文的融汇，体现着丰富多彩的世界。为什么我们到了风景佳美、“形胜”之地常感觉流连忘返，特别有情趣有精神，因为这是超然的世界，是需要时间慢慢

1984 年，国家建设部、文化部和中国美协召开全国城市雕塑第一次规划会议（左起：吴良镛，谢壮一，刘开渠，周扬，江丰）

的融合，在大自然中慢慢融化。这种综合的艺术集成的成功不在主持人的名望，不在方案的参与人的观念孰高孰低，而在于设计方案对作品主题、意境的表达。比如南京大屠杀纪念馆建筑群，不仅齐康、何镜堂主持的设计几度发展，建筑水平高，吴为山的雕塑更提神，共同产生了悲怆的气氛，使人肃然起敬，这是艺术的成功之道。

说到雕塑，还有一例。1980 年代，雕塑家刘开渠、傅天仇等与我商议在北戴河长寿山创造一系列中国古代神医雕像，名之为“长寿谷”，并共同赴该地寻找合适地形。当时开展了初步的经营，雕刻了李时珍像等，据闻，经过三十年的不断累积，这一地区已经成为名胜景点“神医石窟”。行文至此，不禁回想起与傅天仇等雕塑家交游的往事，雕塑家与建筑师可为挚友，在傅先生 70 岁生日前，他还邀约我共同讨论建立雕塑工作室的设想。

这里要提及宋春华，他钟情雕塑，其在兰州任职时修造的“黄河母亲”令人钟爱不已，后他在长春市市长任内主持推动的我国首个雕塑公园更是独具特色，他既是城市的行政管理者，也是建筑、雕塑的专家。他在退休之后仍寄情于雕塑艺术，孜孜以求，他两次亲赴挪威著名的维格兰雕塑公园（Vigeland Sculpture Park）调研、拍摄，近期出版了著作《生

长寿谷雕塑——张仲景

长寿谷雕塑——李时珍

实是人与天地相参的生活方
式追求宇宙秩序与生命活力
的完满共享亦即天地入吾庐

亂中求序 人文日新

在中國文化中從聚落到都邑
的人居世界直達天地本是一
片親密無間的大和諧在如火
如荼的現代化與城鎮化進程
中古今中外交織混沌中仍閃
現著秩序之光呼喚亂中求序
建構和諧的人居環境復興中
國人居文化點染美麗中國

吳良鏞

《人居艺境长卷》（2014 年书）

命之歌：维格兰雕塑公园》，我亦曾有挪威之行，对此赞赏不已。我还了解到，他还有更庞大的著述计划，囊括世界其他著名的雕塑公园，其志可钦！

2014 年我在中国美术馆举行题为“人居艺境”的展览，将我自 1940 年代起的绘画、书法与建筑作品共同陈列展出，在有限的空间中映射、融合，展现出无言之美。展览谢幕多日，我细细回味，仍能在思想中领略到其中“建筑意”的存在。多种艺术门类以生活为基础，相互交融、折射，聚焦于人居环境之中，在某一门类中有独到之心得，都可以相应地在人居建设中有所创造和展拓，这可以说是人居科学研究的一个新领域——中国文化特色之人居艺境，当然，还得要从西方文化中有所借鉴启发，其中尚有广阔的空间待我们去探索、发掘。

规划艺术就是一个万花筒，构成万花筒的元素就是有限的那几个精亮碎片，但不同的作用下却可以千变万化。要在不同的历史条件下标新立异，又不能千城一面。

人居藝境

匠心獨運　開辟新景

唐張璪論畫曰外師造化中得心源宋白華謂意境是造化與心源的凝合一切藝術底中心之中心中國人居是憑借匠心之獨運而創造非自然的景象替世界開辟新景

山水為境人居點睛

宋郭熙謂山水有可行者有可望者有可游者有可居者中國人居以山水為境亦講求此四者人居建設以山水為素材廣攝四方来構築胸中的意境窗含西嶺千秋雪門泊東吳萬里船中國山水則以人居為點睛之筆鑲嵌於大地成為山川靈氣往来與精神聚積的場所江山無限景都聚一亭中

天地入吾廬

人居關係中國人的宇宙觀宇

落地生根：人居科学的地方实践

人居环境科学面向中国城乡发展中的实际问题，因而理论的研究必须与实验的探索相结合，落在实处。在不同层面上（从国土层面，到城市连绵区、大城市、中小城市、村镇、农村地区等），根据具体条件，针对具体问题，开展多方面的研究与实践。在组织方式上，加强与若干人居环境建设实践重点地区的联系，慎重选择有价值的课题。

例如：从 2010 年至今，我们与广东云浮市政府合作，在当地逐步开展了“**美好人居环境与和谐社会共同营造**”的实验，这项工作还在继续推进之中。一些城市也自主地进行了面向人居环境的可贵探索[1]。

中共十八大提出“全面建设小康社会”的宏伟目标，其中“最艰巨最繁重的任务在农村”，乡村人居环境治理是乡村治理的重要手段之一，在未来中国城乡社会发展进程中将发挥重要的作用。我们的团队围绕着人居环境与乡村治理在不同地区展开了大量工作。如：江苏在历史上便

1　如上海市 2009 年完成的《上海人居环境报告的研究》，从空间布局、住宅建设、环境保护、市容环卫、生态绿化、综合交通、文化环境、指标体系、信息平台等若干方面开展了人居环境的系统性研究。

1984 年四川实地调查中与老乡谈话

是物产丰盈、艺文昌盛之地，今天仍旧是我国经济社会发展水平较高的发达地区，而贵州则是我国西南自然资源受限，发展相对滞后的欠发达地区，可以此有代表性的“两头”作为切入点，因地制宜地开展人居环境科学指导下的城乡统筹模式实验。江苏地区，重在以乡村环境整治等为手段，营造美好的城乡人居环境；贵州地区，重在以县为平台，发展县域经济，改善“三农”困境，促进区域协调与多民族共同繁荣。两者虽各异趣，但各有独特的泥土芳香，实现城乡人居艺境的整体提升。此外还有湖南永州、成都都江堰，等等。

繁荣人居科学，走中国特色的学术发展道路

西方的城市规划理论与实践在 20 世纪初有着极大的发展。那时涌现出的田园城市、城市美化运动、区域城市等理念，留驻青史，对全世界范围的城市发展造成了深远影响。近几十年来，西方学术界的发展也出现过不少亮点，比如可持续发展的概念，倡导城市品质运动，关注社

会公正与公平等。然而，正如彼得·霍尔（Peter Hall）在《明日之城》一书中所说的："城市规划以及整个20世纪的福利工作，没有能够消除这个问题（不利的和弱势群体的问题），甚至没能令人满意的解释它。"面对现实的城乡发展，西方学说仍然存在许多力不从心的地方。中国是一个幅员辽阔的大国，有着悠久延绵的历史。当代，社会经济快速发展，具有一定的竞争力。中国的城镇化有着不同于西方的特点，比如起步较晚、发展较快、政府力量主导、资源条件约束、规章制度不严密，等等。面对西方的理论与成果，要吸取优点，也要看到不足，我们不能再沿用其方法走同样的道路，中国的城乡建设要另辟蹊径。

学术发展是走中国的道路，还是西方的道路，一直是个热门话题。早在1914年王国维在《国学丛刊》序中就曾深切地指出，中西之学互相推动，学问之事本无中西：

学之义不明于天下者久矣！今之言学者有新旧之争，有中西之争，有有用之学与无用之学之争。余正告天下曰："学无新旧也，无中西也，无有用无用也。"

中国今日实无学之患，而非中学、西学偏重之患。

余谓中、西二学，盛则俱盛，衰则俱衰。风气既开，互相推动，且居今日之世，讲今日之学，未有西学不兴而中学能兴者，亦未有中学不兴而西学能兴者……故一学既兴，他学自从之。此由学问之事，本无中西，彼鰓鰓焉虑二者之不能并立者，真不知世间有学问事者矣。[1]

改革开放后，大的方向是"与西方接轨"，学习西方。而根据我们的认识研究，还是要复兴中国传统文化。中国道路还是西方道路到底是什么关系，还需要继续探索。我们这个世界丰富无比，正在孕育着更伟

1 周锡山. 王国维集 第2册 [M]. 北京：中国社会科学出版社，2008: 324.

大的变革,我们这个社会——就像文艺复兴时代所提出的——是一个“巨人”的时代。恩格斯在《自然辩证法》中论文艺复兴时曾指出:

这是一次人类从来没有经历过的最伟大的、进步的变革,是一个需要巨人而且产生了巨人——在思维能力、热情和性格方面,在多才多艺和学识渊博方面的巨人的时代。差不多没有一个著名的人物……不在好几个专业上放射出光芒,他们的特征是他们几乎全都处在时代运动中。[1]

我每读到这段话总是热血沸腾,思绪万千。要将中国人居环境建设放到人类文明发展史的背景上,从时代发展的高度看待人居环境的发展。我们认识到人类正经历着规模巨大、速度空前的人居环境建设,这一进程将深刻而广泛地影响着世界的未来。纷繁的矛盾、复杂的问题和尖锐的挑战,对人居科学理论创建和实践创新提出广泛的课题和紧迫的诉求。

今天,我们正面临着一个大时代,我真诚地期望我们的这个时代能多产生这样的人物——21 世纪的学术巨人,迎接中华文化的伟大复兴!这算是一个建筑学人跨越三个三十年的中国人居梦!把握建设美好人居的科学方向和社会追求,美丽人居环境与和谐社会共同缔造。

人居与梦想

人居是民生问题、政治问题、科学问题。2011 年,中国城镇化率已从 1978 年的 17.9% 提高到 51.27%;城镇人口增加到 6.9 亿,设市城市共 657 个。经济快速发展,中国已成为全球第二大经济体,人民生活水平也得到了很大的改善和提高。然而,大规模、高速度的工业化和城镇

1 马克思恩格斯选集第 3 卷 [M]. 北京:人民出版社,1972:444-445.

化，使中国面临复杂的人口、资源、环境等问题，欠账不可低估。农村劳动力向城市转移所带来的众多社会问题、“土地财政”的隐患、自然资源的过度开发、生态环境的污染与破坏、城市基础设施的滞后等。人居问题是关乎国计民生的重大战略问题。从全世界范围来看，目前有10亿人居住于贫民窟，2050年预计世界人口90亿，其中60亿是城市人口。城市人口的增长将主要集中在亚洲、非洲等发展中国家，这将带来资源紧缺、环境破坏等一系列严峻的现实问题，人居问题的解决迫在眉睫。

人居科学在此大时代背景中应运而生，旨在系统地认识人居问题、寻找多学科解决人居问题的战略途径和方向，是适应时代和符合国情的科学创新。在文明发展的进程中，有一点是始终不变的，那就是时代需要大思想、大战略、大手笔，社会要进步，人类要追求更加健康美好的生活，人居环境建设是人类共同的事业，人居环境科学有广阔的发展前途。经过二三十年的探索，人居环境科学在理论与实践方面已初成体系，日益受到学术界和全社会的重视，但我们仍要作更广泛、多层次的持续努力。

放眼世界学术领域，中国人居科学领域具备实现较大突破的条件。由于制度等的制约，世界其他国家的人居战略主要停留在贫民窟问题以及绿色建筑等技术体系推广上。在发达国家，城镇化已经达到相当水平，虽还存在人居问题，但城镇化已不是主要问题，没有解决人居问题的紧迫感。在发展中国家，经济社会发展水平落后，饥饿等生存问题要远先于人居问题。在中国，城镇化已经达到较高水平，有一定经济基础和发展实力，人居成为经济社会发展转型的重大挑战，人居科学研究有广阔的前景。

人居具有综合实践的特点，综合凝聚人居的关键问题需要有一定的科学方法。当前，各种类型的学术思想不断涌现，令人应接不暇，从定性到定量，从逻辑推理到模型建构……不一而足，对于人居科学的发展都具有很重要的启发意义，关键在于从各种分散的思想中找到主线，实现综合集成，建立理论体系。

2011 年，城市规划、风景园林与建筑学同时位于我国 110 个一级学科之列。同年，我及我的团队因人居环境科学的贡献而获得国家最高科学技术奖。可以说，学科发展进入了新的阶段，走向更加深入的综合性和整体性。正在编纂中的《中国大百科全书》第三版特设立“人居环境科学学科卷”，包括建筑学、城乡规划学、风景园林学以及人居总论四个分支，这是前所未有的，也进一步显示出这一科学发展的大趋势。2015 年 12 月 13 日，我倡议成立人居科学院。人居科学院的定位是研究国内外重大人居理论和实践问题的公益性学术交流平台，是汇聚各领域相关专家学者的学术共同体。人居科学院旨在研究人居环境建设的科学理论和实践案例，为中国乃至世界的人居建设和城镇化提供高端智库之咨询和科学知识之传播。可以说，人居科学之路是光明的、广阔的。

2015 年底中央城市工作会议之后，可以说城市化开始进入一个新的时代，在会议召开前，我曾在与住建部某领导的谈话中提出自己对此次会议的见解，认为要科学地评价新中国成立以来中国城市建设的成就与问题，总结历史经验、教训，包括：反思机构不断调整带来的问题、“与西方接轨”的思想；审慎处理计划经济与市场经济的关系，在现实情况下改善开发制度，注入社会主义的内涵；重视城乡关系，从城乡二元走向城乡统筹。探索城乡建设与学术发展的中国道路，以人居科学为核心，加强顶层设计与智库建设，重视空间规划，将远期战略规划与近期行动计划相结合，并加强制度建设。

2016年，联合国“人居三”（Habitat III）召开，联合国“人居一”“人居二”，主要围绕住房与基础设施，对我国改革开放城市规划新思潮、新理念的形成有颇多启发。“人居三”视野全面而综合地看待城镇化，强调规划的作用。议题包括：城乡联系、城市文化与遗产、城市和空间规划设计、基础设施建设、智慧城市、生态环境保护与修复等共20多项。对于人居科学的发展也有新的启发。从全球的视角来看，全球化是世界发展的大趋势，鼓励多有“大创造”，当然全球化不等于西方化，人居环境建设的途径应是多种多样的。我们既要挖掘中国传统的人居智慧，也要吸收西方各研究领域的精华，解决中国的现实问题，为全球人居建设贡献智慧和力量。

作为一个建筑学人，从1945年起面对战后的满目疮痍，立志城市规划与建筑事业，终身在教师岗位工作，经历中国城市规划变迁，风风雨雨70年。指导学生、参与实践、投身科研，毕生秉持“匠人营国”的精神，致力于“谋万家居”的事业。这是一个建筑学人跨越三个三十年的“求索之路”，也是矢志不移的“中国人居梦”！

行百里者半九十

2012年，我年满九十。费孝通进入九十之后曾很风趣地说：“我还有十块钱了”，马齿徒增，也带来一些困惑。回顾过去，我获得了一些名誉与奖项，例如菊儿胡同四合院工程，获得世界人居奖和亚洲建协（ARCASIA）建筑金奖，1996年获得国际建协建筑教育与评论奖（屈米奖）。最大的荣誉是在我九十岁之际获得由胡锦涛主席亲自授予的国家最高科学技术奖，对我而言，这比过去获得的奖项更有意义，因为这是祖国给我的最高荣誉，也让我又一次体会到肩负的责任。人居环境建设是全人类共同的事业，对国家说来事关安邦定国，需要真正拿出解决问题的科学思想。因此，在获奖之后还是相当低调，埋首工作，不敢张扬。

“行百里者半九十”，我自觉还只做了一半的工作，目前要抓紧时间继续开创未竟的事业。何况一个科学理论的产生和发展并不是一劳永逸的，而是要随着时代的变化不断推进、完善。这是一个重大的历史使命，需要有学术团队共同努力才能实现。而我作为一个耄耋老人，能做的又有哪些？当然，我现在已经没有足够的精力奔赴多地实地调研，也无条件参与一系列大大小小的会议，但是对于现实问题的关注与思考没有停歇，理论的探索仍在继续。人居科学的发展一方面要有战略，在大原则、大方向上与时代的发展、国家的要求结合起来，不断提高；另一方面要讲求战术，要付诸实施，通过行动计划具体推行。同时，作为一个教育工作者，以更诚挚的心情企望新一代的成长。

九十岁后回过头来写大半辈子的事真是煞费苦心，一点一点回忆事实大体轮廓，名为自述，主要记上个世纪到新世纪的人和事、成长和困惑，它更是为后来人写的。

我曾经生活在忧患时代，后来做建筑教育工作，发展建筑事业，从这个事业进入学术人生；1942 年，伫立于重庆嘉陵江边的中大建筑系系馆屋顶被暴风雨破坏，工人在整修屋顶时不幸触电牺牲；当时我正读到杜甫《茅屋为秋风所破歌》：“安得广厦千万间，大庇天下寒士俱欢颜，风雨不动安如山”，启迪了我的“人居”之梦，是懵懵懂懂的逐梦人生的开始；“文革”后，成立建筑与城市研究所，深入学术研究，到人居环境科学获得科技最高奖，是践行创业人生。这本书就是我的人生耕耘求索的实录和回顾。

百年人生已经九十又四了，中国有句成语：“行百里者半九十”。这可以从两个方面理解：行路的艰难，走百里路已经走了九十里，剩下的十里更艰辛、更艰难，更容易松懈以至于功败垂成；还有一层意思，对自己来讲，已经活到90多岁了，如果以30年为期，30年完成我学业，肩挑建筑教育的重任，年到60，卸去了行政职务，筹划研究所，创建“广义建筑学”与“人居环境科学”，进入90岁，需自觉开展新的历程。从时代来说，1950年代末，我从海外回到新中国，从1970年代末到1980年代，走向改革开放的新时代，进入21世纪，从2007年中国科学院大会呼吁转型至今又可以说进入了“深化改革”第三个大时代，姑以人生百年为喻，已进入了一个更关键、更伟大的时代。我必须警惕不要轻易失去这最后的“人生单元”，而是要更理智地去完成过去90年未完成的事。

——淡泊名利、精简公共活动，有些自己无能无力的事情知难而退，珍惜时间精力，感情投入到可得实效的工作中，要有所不为才能有所为。

——淡化学科概念：把握大方向，集中在大目标、大概念下聚焦，贵在融汇，以少胜多，在大科学、大人文、大艺术家的大世界中追求大文化。

——思想先行：年迈力衰，行动已经不便，尽量不出差，免得麻烦别人。思想先行，向先贤、向年轻人找智慧；画家黄永玉是我的老友，最近看了他的九十画展，他的奔腾的巨幅绘画所闪耀的艺术精神，他那开朗乐观的情怀，“玩得开心”的积极的人生态度，让我深受感染。我看到清华建筑系第一班学生钟涵（当时名宋华沐）的“厚土文化”画展，这位被称为学者画家的艺术，大小幅黄河边上的作品令我兴奋。老画家黄宾虹画展，我两莅其展，其功力之深邃、画理之明晰、意境之高远，几经品味，意犹未尽。

学无止境，我仍求旷达，我仍坚持“志于道，游于艺”，我追求的人生目标：“高山仰止，景行行止，虽不能至，心向往之。”

诚为王安石所言：“尽吾志也，而不能至也，可以无悔矣。”

至于我的求索生涯，就像韩愈《复志赋》云：“朝骋骛乎书林兮，夕翱翔乎艺苑。”

我平生无音乐的灵性，我的心灵为贝多芬、席勒的《欢乐颂》的旋律所鼓舞，它的“韵律”仍在脑际长鸣：

“欢乐女神，圣洁美丽，灿烂光芒照大地，我们怀着火样的热情，来到你的圣殿里！你的威力能把人类重新团结在一起，在你光辉照耀之下，人们皆我兄弟。”

我平生无诗才，但我的心灵常受张横渠诗句的鼓舞：

为天地立心，

为生民立命，

为往圣继绝学，

为万世开太平。

跋

本书的序言已经对写作的缘起作了交代。2014年我为了进行研究所30年总结就把工作转向，借此对90年的人生有了自我的评定，总的来说生平还是勤奋的，对国家的事业是忠诚的，自己虽没有多少才干，但是对工作还是认真的，往年得到过一些荣誉，但是还是保持低调，温馨家庭，父兄提挈，恩师栽培，团队合力，友朋协助，单位支持都是我充实生活的前提，写作中，我自觉注意，戒言过其实。

从1946年直到今天，我一直在教学岗位，在培养学生，是教育人生；既然是教育，在大环境下努力治学，形成专著、论文若干，是学术人生；自己从1956年在基本建设会议上就领悟到要重视实践，就像一个医生总要能看病，搞工程的必须要能动手，是实践人生；另外，在不同时期也写了一些肤浅心得与人交流求教，是写作人生；这些年开了若干次画展，喜爱艺术，自己一度参加了雕塑委员会、美协等组织，也算审美人生；总的来说都是在求索，是求索人生。

故这本书名为“求索”，一息尚存，求索不止。回顾自1931年东北沦陷至1945年自滇西前线归来，国破家亡，未忘祈求以一己专业所长报效国家与社会。积极地对待生活，虽然有甘有苦，甘苦自得，但也苦尽甘来，看到了国家从忧患走到了自强，应对了这么多困难，发展到今天庆祝抗战胜利70周年，中华民族扬眉吐气；但另一方面，纵然国家取得如此的成就而扬眉吐气，亦仍亲眼目睹如今仍然问题重重，所谓强邻逼境“中国威胁”,不能掉以轻心,不能气馁。回顾一生律己应严,宽厚爱人,尊重别人才能赢得别人的尊重,帮助别人才能赢得到别人帮助,自己受到过伤害,但告诫自己绝不能伤害别人。我虽然人生九十,但仍然不懈追求,追求国家富强,社会和谐,环境健康,人民宜居。病后,我一直在努力恢复健康,虽然还要付出一定的时间锻炼才能保持,但我求索的豪情不已。“路漫漫,其修远兮,我将上下而求索。”

今年是2016年,也是我在清华大学任教的70周年,回顾几十年来我所进行的学术探索,可以说都不能摆脱时代的深刻的影响,是一个不断回应时代落在我们建筑学人身上的任务的过程,要不断“探索新路”。在这个深化改革的新时代,我们仍然应当锐气不减,不断探索明日之人居。面对时代的召唤,我虽已年迈,但面对未来无限的可能性,仍然充满期待、充满激情,今年春节,我写了一副春联,作为座右铭以自勉:“老骥伏枥志在千里,拙匠迈年豪情未已!”

对于提携教导我的人我在这里只能心香礼拜,这本书是为年轻人写的,祝福他们的才能得到更好的发挥,事业有成,社会繁荣、国家富强。